CAHIERS DE RECHERCHE ÉTHIQUE

2 ~ *Le développement moral*

Cette publication a reçu l'aide du fonds P.A.R.T.A.G.E. que nous remercions pour son appui.

Numéro de la fiche de catalogue
de la Centrale des Bibliothèques — CB : 76-3182

ISBN : 0-7755-0577-3

Présentation

Ce second numéro des Cahiers aborde le difficile sujet de la formation morale. Son contenu ne doit pas donner l'impression de privilégier le cadre scolaire. Ou bien on continue de renvoyer à l'école tous les défis et tous les enjeux de l'éducation ; ou bien on s'efforce de déborder ce cadre et d'élaborer un projet collectif d'éducation sur la base d'un consensus nécessaire entre les différentes instances impliquées : instances familiale, sociale, scolaire, gouvernementale et ecclésiale.

L'objectif du présent cahier ressortit davantage à l'esprit du deuxième volet de cette alternative. Les collaborations qui s'y trouvent se rejoignent dans un même souci de repenser la formation morale dans toutes ses dimensions.

Dans une perspective d'éducation ouverte et intégrale, Jean-Marc Samson étudie le développement du jugement moral à partir de la théorie de Lawrence Kohlberg. Celui-ci a analysé les jugements moraux d'une soixantaine d'adolescents de dix à seize ans pour en venir à distinguer trois niveaux répartis en six stades dans l'évolution du jugement moral des adolescents de cette période d'âge. Jean-Marc Samson reprend à son compte les éléments fondamentaux de cette théorie et, en les intégrant dans ses recherches personnelles, il nous montre comment les résultats obtenus par Kohlberg peuvent permettre à l'éthique des cheminements nouveaux et prometteurs.

Mais le développement de la conscience morale, souvent entrepris en dialogue avec des éducateurs, s'appuie évidemment sur quelques principes de base et sur une pédagogie. Guy-M. Bertrand nous rappelle que les éducateurs prennent trop souvent ces principes pour acquis alors que les jeunes les remettent de plus en plus en question. Quelle que soit la position personnelle de l'éducateur, il faudra maintenant qu'il respecte et attende les options du jeune.

Anita Caron et André Bédard, eux aussi au fait de la théorie de Kohlberg et des recherches de Jean-Marc Samson, posent le problème de la formation dans le cadre des programmes actuels du Ministère de l'éducation. Sous des points de vue complémentaires, leurs réflexions mettent en évidence le bien-fondé d'une convergence à maintenir entre les programmes d'enseignement religieux et de formation morale. Convergence ou « parallélisme intégré » qui ne trouvent leur fondement que dans une démarche éducative centrée prioritairement sur le cheminement des personnes et non sur la présentation de systèmes ou de doctrines.

Rodrigue BÉLANGER

L'ÉTHIQUE, L'ÉDUCATION ET LE DÉVELOPPEMENT DU JUGEMENT MORAL

Jean-Marc Samson

Jean-Marc Samson est professeur au Département de sexologie de l'Université du Québec à Montréal. Ses reflexions nouvelles sur la nécessité et les objectifs de l'éducation sexuelle de groupe ont déjà fait l'objet de publications. Il s'intéresse aussi au développement de la conscience morale, surtout appliquée au domaine de l'activité sexuelle ; il dirige d'ailleurs des recherches sur ce sujet, y appliquant la théorie de développement du jugement moral élaborée par Lawrence Kohlberg.

L'ÉTHIQUE

Lorsqu'un système devient clos, il commence déjà à se détériorer, car il ne se nourrit que de lui-même et néglige les « idées nouvelles » qui changent son environnement. L'éthique a souvent voulu se constituer en système définitif, laissant aux autres disciplines le soin de traiter des questions et des problèmes du jour, confiante qu'elle était de posséder des valeurs supra-historiques. Un survol rapide de l'histoire de l'éthique permet d'isoler des époques, chacune marquée par une « intuition » fondamentale : la conception de l'homme et de l'univers.

La pensée grecque voulait que la perfection résidât soit dans l'être (Parménide), soit dans le devenir (Héraclite), soit dans un harmonieux et subtil dosage de l'un et de l'autre (Aristote). Dans ce contexte, l'éthique appliquait aux événements « accidentels » l'étalon de la substance et de l'essence. La morale[1] fondait ses jugements sur la « nature des choses et des êtres ». Le reste n'était qu'« accident ».

Avec les Descartes, Spinoza, Francis Bacon, John Locke, devait prendre fin la conception d'un monde *cyclique*. Brisant avec l'éternel recommencement, le siècle des lumières découvrit le *progrès*, ce mouvement linéaire allant du moins au plus ; et entre le « plus » et le « meilleur », on établit, sans trop s'en rendre compte, une synonymie. Pour Isaac Newton, la machine cosmique, comme l'homme, étaient dynamiques ; les lois de la nature s'énonçaient maintenant en termes de *progrès*, progrès qui, chez l'homme, se concrétisait dans l'exercice créateur de cette fonction qui le spécifiait : la raison. En plus d'être désormais dynamique, le monde (et l'homme y compris) était devenu « disparate », formant un ensemble intégré, chaque élément ayant et ses lois propres et ses axes particuliers de développement.

Caractérisée, semble-t-il, par une inertie plus forte que les autres disciplines, l'éthique finit quand même par participer à ce mouvement. Le « bon » prit lentement teinte de « raisonnable », et put même s'accommoder d'un certain degré de variance. Confirmée dans ses lois de développement, mais simultanément limitée à son seul domaine particulier, la morale ne pouvait guère s'appliquer qu'aux « choses morales » : comme entre l'Église et l'État, une frontière existe maintenant entre l'éthique et la science, chacune étant maîtresse dans son domaine. Le système s'organisa tant et si bien que bientôt il devint clos. Sa problématique était vide : la philosophie alla même, avec Hegel, jusqu'à proclamer que tout le discours philosophique avait désormais été dit.

---

1. Nous ne ferons pas dans ce texte de distinction claire entre morale et éthique, laissant ouverte cette question qui sortirait de notre propos. Disons tout au plus qu'il nous semble que l'éthique offre un jeu hiérarchisé de principes que la morale cherche tant bien que mal à appliquer au *hic et nunc* de l'événement.

Le développement du jugement moral

La réflexion humaine refusa cependant (et heureusement) de se laisser enfermer dans ce système. L'idée d'*évolution* commençait à influencer les grands esprits. Dans la lignée de Darwin, Marx maintient que les formes politico-économiques apparaissent et se développent selon une irrésistible dialectique. Freud postule une série de stages à travers lesquels s'effectue le développement psychosexuel et dont l'heureuse ou la malheureuse résolution marquera l'avenir de chaque individu. Pour les philosophes de l'existentialisme, la réalité n'est plus immuable, mais se développe selon les « lois » du hasard. Les notions de *processus* et de *hasard* hantent les esprits et prennent même signification dans le champ scientifique qu'on croyait jusqu'alors assuré de la stabilité quasi parfaite : celui de la physique. Les anomalies prennent, dans toutes les sciences, le pas sur les « normaux ». La relativité sert désormais de caractéristique à l'univers ; l'étude du microcosme, du macrocosme et même de l'homme obéit désormais à l'empirisme phénoménologique. Comme il avait, avec Newton, délaissé la conception *cyclique,* l'esprit humain, avec Einstein, rejette la conception *linéaire,* pour adopter une vision *spiralique* [2] de son univers.

Toujours marquée d'une plus grande inertie que les autres disciplines, l'éthique en arrive enfin à se questionner sur son appartenance au monde linéaire d'hier. Se sachant acculée à une mutation, elle craint pourtant de perdre son identité en acceptant d'avoir un jour à se fonder, elle aussi, sur l'anomalie. Elle s'imagine peu capable d'exercer son rôle en participant à un univers dont l'évolutionnisme s'est surtout teinté de relativisme [3].

Certains moralistes auraient voulu que l'éthique les suivît dans leur « morale de situation », capable certes de s'accommoder du relatif et de l'événementiel de l'époque contemporaine, mais certes capable aussi de vider l'éthique de sa définition. L'éthique, cependant — nul ne sait si c'est sa sagacité ou son

---

2. L'idée de « spirale » se veut porteuse d'épigénèse, et non pas surtout d'une synthèse du cercle et de la ligne.
3. Nous aurons l'occasion plus loin de distinguer entre le relatif, la relativité et les diverses formes de relativisme.

inertie qui en est la cause — repoussa cette tentation, tout en étant depuis lors fort consciente qu'il lui fallait une *nouvelle problématique*.

Certains ont cru que, comme les vieux grimoires, l'éthique avait perdu définitivement son « élan vital ». Personnellement, je crois que l'éthique et la morale sont toutes deux prégnantes d'un renouveau, pour peu qu'elles écoutent avec empathie les découvertes du monde contemporain, et à condition qu'elles s'efforcent de ne pas « s'enfarger » dans les innombrables traîneries que leur passé a laissées dans leur jardin.

Malaises

Capable d'éviter la survalorisation du subjectif et de l'arbitraire, qui conduit à l'amoralisme ; décidée à ne pas se teinter de déterminisme, comme le font encore plusieurs psychologies ; résolue à dépasser le relativisme culturel qui réduit toute morale à l'expression idiosyncratique d'une culture particulière, l'éthique *new-look* risque pourtant d'autres écueils.

Il semble que l'écueil de la référence exagérée au passé (éthique de la tradition), et celui d'un trop grand décalage vers le futur (éthique de l'espérance ou de l'utopie) sont actuellement identifiés et peuvent être évités. En effet, sans tomber dans le piège relativiste d'une « éthique de situation », on a proposé une « éthique de *la* situation » [4], capable de « chuter dans la vie vécue » [5], une éthique sensible au présent des événements. Cette éthique qui se veut proche de la *praxis,* même si elle ne peut ni ne veut s'abstraire de l'histoire qui la fait naître et qui la soutient, se doit pourtant, me semble-t-il, d'éviter la confusion entre l'attention au présent et la transformation en une pratique. En effet, une éthique « participante » de son milieu et de son temps, ne doit pas pour autant se muer en force politique, en contestation — même non-violente. Comme la sexologie, la chimie ou la géographie, l'éthique n'a pas, à mon avis, à pren-

4. Raymond Gagnon, « Pour une sagesse éthique », *Les Cahiers éthicologiques de l'UQAR*, n. 1, (mai 1974), p. 15.
5. *Ibidem*, p. 6.

Le développement du jugement moral

dre position, comme science, entre le marxisme, le capitalisme ou le piaoïsme. Les éthicologues peuvent, de par leurs réflexions, devenir contestataires ; mais c'est en tant que citoyens lucides, en tant que philosophes, ou en tant que prophètes qu'alors ils agissent.

Cela ne signifie pas que l'éthique ne puisse questionner les systèmes politiques et les sciences. Au contraire, elle peut à juste titre interroger la déontologie des systèmes et des sciences, questionner leur honnêteté, discuter des « moyens » qu'ils utilisent ; mais l'éthique *ne saurait se muer en juge de l'orientation que l'humain a décidé d'attribuer à sa propre évolution*[6]. À moins d'en revenir à une éthique fondée sur l'une ou l'autre religion — ce qui n'est pas une option qu'il faille *absolument* exclure — la sécularisation de l'éthique entraîne ainsi son aliénation à l'humain, aliénation pas nécessairement négative ! Elle se devra alors de faire tandem avec cet humain, tel qu'il existe aujourd'hui et tel qu'il se *veut* être. Ainsi, autant pour l'éthique « sécularisée » que pour l'éthique « religieuse », absolutiser est... décadent[7].

On peut essayer de résoudre le problème de l'éthique comme *réflexion* et de l'éthique comme *action* en parlant de *sagesse*. C'est alors, à mon avis, trouver sortie facile, car le mot fait ici appel plus à une « finesse éthique » qu'à cette sagesse, qui, elle, « s'abandonne sans calcul au présent »[8]. Une éthique de l'homme pour l'homme trouvera son projet dans la direction que l'humain actuel (et non plus la « nature » humaine) veut imposer à sa propre évolution. On fait face alors à une forme de RELATIF qui est tout autre que le relativisme qu'ont connu les sciences humaines depuis 1900, et dont certaines prêchent encore les mérites. Le RELATIF dont je parle ici en est un d'évolution, et non pas de défaite, capable de comprendre que le projet

---

6. « Le monde n'existe comme monde que dans la mesure où il se trouve consciemment réfléchi et nommé par une psyché. » Carl Jung, *Présent et avenir*, (1956), traduit de l'allemand et annoté par Roland Cahen, 2e édition, Paris, Denoël/Gonthier, 1969, p. 66. On pourrait dire de même de l'homme et de son projet.

7. Raymond Gagnon, *loc. cit.*, p. 7.

8. A.K. Coomaraswany, *The Dance of Shiva*, New York, Noonday Press, 1957, p. 134.

humain actuel n'épuise pas l'avenir, mais aussi capable de mettre ses énergies au service de ce projet. RELATIF en ce sens que l'homme *pose dans l'aujourd'hui,* comme valeur première, le sommet *actuel* de la réflexion humaine, laissant à l'homme de demain le soin de faire la même démarche. L'absolu n'est plus alors ni statique, ni monolithique : il ne représente qu'un instant dans un processus RELATIF et dynamique. Même si, de prime abord, cela peut paraître paradoxal, un principe premier peut être à la fois absolu et relatif. Dans son chapitre sur les expériences-sommet *(peak experiences),* Abraham Maslow mentionne :

> It is certainly difficult and also dangerous scientifically to speak of relative and absolute, and I am aware that this is a semantic swamp. (...) The concept of absolute has made difficulty partly because it has almost always been permeated with a static taint. (...) We needn't struggle over whether it is *either* relative *or* absolute. It can be both. [9]

On est ici loin de ce relativisme pour qui le bon et le mauvais sont arbitraires et si dépendants de chaque culture et/ou de chaque sous-culture et/ou de chaque individu, et/ou de chaque événement. Puisqu'en effet les dogmes ne peuvent résister longtemps au déroulement de l'histoire (à moins qu'ils ne se fondent sur un donné révélé), ce relativisme a voulu écarter toute idée et toute référence à *l'absolu,* ne se doutant guère qu'alors il introduisait lui-même *l'absolu-relatif,* car en morcelant l'humanité en cultures, il permettait que « la société, elle, se trouve élevée à la dignité de principe éthique suprême » [10]. En fin de réflexion, le relativisme éthique est obligé d'établir un principe absolu : celui de la *tolérance,* principe qui veille à la sauvegarde du relativisme, mais qui se doit cependant de ne pas être considéré comme relatif.

Certes, il s'agit ici d'une simplification un peu abusive, et il y aurait lieu de distinguer encore entre le *relativisme culturel* et le *relativisme éthique.* En effet, comme l'a signalé Brandt :

9. Abraham Maslow, *Toward a Psychology of Being,* 2nd edition, New-York, Van Nostrand Reinhold Co., 1968, p. 85-86.
10. Carl Jung, *op. cit.,* p. 109.

Le développement du jugement moral

A man is not an ethical relativist unless he is also a cultural relativist ; but he may well be a cultural relativist without being an ethical relativist [11].

Un autre écueil sur lequel l'éthique, et plus spécialement la morale, devra éviter de buter, découle en partie des difficultés à résoudre les questions fondamentales que nous avons effleurées ci-haut. Cet écueil, nous l'appellerons techniquement : *le contenu*. Par ce terme, nous voulons identifier les valeurs elles-mêmes. Par exemple, l'ordre, la propreté, la serviabilité, peuvent être le *contenu* de la morale du *scout,* et avoir un rang élevé dans *sa* théorie éthique. De même, la passion du travail, (*i.e.* la non-paresse), la carte de crédit et une vision « planétaire » des événements peuvent bien constituer le *contenu* de la morale du professionnel contemporain [12].

Lorsque l'éthique, sous prétexte de renouvellement, ou parce qu'elle se croit devenue « attentive au présent », s'engage à élaborer un ou des « contenus », elle risque soit de négliger les intentions des personnes, soit d'en tenir tellement compte, qu'elle aboutit alors à un échafaudage si complexe que les plus brillants casuistes ne s'y retrouvent pas. Dans le premier cas, la morale prend vite couleur de moralisme, engageant ses énergies à promouvoir une idéologie ou un idéal désincarné. Dans le deuxième cas, on aboutit à une éthique de type psychanalytique, qui ne conduit plus au relativisme culturel mais à la négation de tout principe éthique, sauf à celui qu'il est bon pour l'humain de se dégager de l'anxiété, de la culpabilité et de l'irrationnel, principe qui d'ailleurs suffit à justifier la profession de nombreux psychanalystes !

---

11. R.B. Brandt, *Ethical Theory,* Englewoodcliffs (New-Jersey), Prentice-Hall, 1959, p. 433.
12. Les éléments que nous avons énumérés ici ne servent que d'exemple et ne veulent en aucun temps constituer une analyse du *contenu* de la morale ou du scout ou du professeur contemporain.

Jean-Marc Samson   11

L'ÉDUCATION

Les remarques que nous avons formulées à propos de l'éthique, peuvent, *mutatis mutandis,* s'appliquer à l'école. Dans ses finalités, l'éducation participe toujours à une certaine éthique, même s'il arrive rarement qu'un système scolaire veuille bien énoncer *explicitement* la philosophie morale qui sous-tend son projet ; on accepte volontiers de nager ici dans le vague et l'implicite, ce qui rend très difficile la critique d'un système d'éducation ; conséquemment cela rend délicat et aléatoire tout effort d'évaluation et de réforme.

Il a fallu, dans le passé, passer par l'analyse des directives pédagogiques, des programmes et des manuels scolaires pour cerner un tant soit peu la philosophie de l'homme, choisie et implicitement suggérée par l'école. Aujourd'hui, cependant, on constate une volonté de rendre plus explicites les objectifs de l'école [13] ; cette réflexion s'accompagne aussi d'un désir réel de voir l'école s'occuper efficacement, non seulement de l'éveil intellectuel des élèves, mais surtout de leur développement personnel et moral. L'éducation morale, ce parent pauvre des systèmes modernes d'éducation, est de plus en plus souvent mentionnée comme une priorité. On semble vouloir étendre à toute une population ces mots qu'Albert Einstein appliquait à l'individu de génie : « Les qualités morales d'un personnage exceptionnel peuvent être plus importantes pour toute une génération, et même pour le cours de l'histoire, que ses seules réalisations intellectuelles. »

Si l'école veut vraiment participer *explicitement* à l'éducation morale des élèves, elle devra mettre en œuvre des pédagogies

---

13. Au Québec, on remarque des réflexions heureuses en ce sens. Signalons entre autres, le rapport de 1969-1970 du Conseil supérieur de l'Éducation : *L'activité éducative ;* aussi les trois fascicules, édités en 1974 par le Comité Catholique du Conseil supérieur de l'Éducation intitulés : *Voies et impasses I, II, III.* Enfin, un volumineux document de travail réalisé en 1972 et 1973 par la Direction générale de l'Enseignement élémentaire et secondaire (DIGEES), intitulé : *Les objectifs de l'école secondaire.*

capables d'éviter l'écueil de l'endoctrinement moral, qui réduit vite l'individu à un conformisme d'automate ; ces pédagogies doivent être aptes, en plus, à susciter *efficacement,* chez *chaque* élève, un réel développement moral, orienté vers l'autonomie de la personne humaine vivant en société. On devra éviter les programmes qui cherchent la seule présentation de propositions morales liées à un modèle idéal, et qui négligent de tenir compte des processus complexes du jugement moral de l'être humain.

Pour être vraiment efficace et susciter chez chaque individu l'émergence d'une morale de qualité maximale, l'éducation morale doit accepter de mettre en œuvre une problématique nouvelle et radicalement différente de celle des autres disciplines scolaires. Non seulement doit-elle connaître et respecter les étapes du développement moral, mais en plus, elle doit pouvoir, de façon efficace et rentable, stimuler le développement moral, et faire en sorte que ces progrès soient durables.

Ce défi est de taille. Nous croyons cependant que, pour l'éducation morale comme pour l'éthique, une attention aux théories nouvelles du développement du jugement moral peut permettre de sérieux pas en avant.

L'ATTENTION AUX DÉCOUVERTES

Une des « découvertes » capitales de notre époque est certes la théorie de Piaget. Selon Piaget, l'être humain, dans son développement individuel, ne procéderait pas seulement à des changements *quantitatifs,* mais aussi — et surtout — à des changements *qualitatifs.* La théorie piagetienne considère le COGNITIF comme un *processus développemental* qui évolue de façon ordonnée, à travers une série de *stades* qualitativement différents, et reliés entre eux. Ce processus est alimenté par le dynamisme de *l'interaction* dialogique entre les forces externes et les forces internes de l'individu, ce dernier cherchant à rétablir un état d'*équilibre* interne face aux sollicitations conflictuelles de la réalité environnante. Chaque individu se développe ainsi selon un rythme propre, mais chacun passera par la même séquence de stades, allant d'un stade sensorimoteur vers le stade de l'opération abstraite.

Le concept de *stade* fait ici référence à une *organisation structurale équilibrée*. Les stades sont reliés entre eux, en ce sens qu'un stade subséquent représente une version plus complexe de la structure du stade antérieur, structure alors nouvelle et *qualitativement* différente de la précédente, et capable de mieux résoudre les problèmes de la réalité quotidienne. L'idée d'« inclusion » n'est pas étrangère à la série des stades, un peu comme elle préside à la série des chiffres ; en effet, les chiffres 0 1 2 3 4 5 6 7 8 9 représentent des éléments qui sont différents les uns des autres, mais l'existence de chacun est fondée sur la présence de celui qui le précède, même s'il y ajoute une dimension propre. Alors que pour les chiffres la différence est *quantitative,* c'est une différence *qualitative* que l'on retrouve au niveau des stades.

Le passage d'un stade à un autre se fait toujours selon la même séquence. En plus d'être *invariable,* cette séquence est aussi *irréversible* et *obligatoire,* les régressions et les sauts de stade étant improbables, sinon impossibles. C'est le principe de l'intégration ou de la médiation qui préside à ce processus de développement, et non pas celui de la simple additivité d'éléments. À chaque stade, la structure cognitive de l'individu est en harmonie (structure d'ensemble), rendant alors celui-ci capable d'activités cognitives cohérentes. Mais la réalité extérieure à l'individu présentera des situations qu'il ne pourra pas toujours résoudre ; son milieu humain pourra aussi suggérer des solutions qui font appel à des structures de pensée différentes. Se crée alors une situation de déséquilibre qui invite l'individu à procéder à une restructuration de son schéma de pensée, c'est-à-dire le passage à un autre stade.

La théorie de Piaget n'est pas « maturationniste », comme on est porté à le croire de prime abord [14]. Piaget n'est ni un

___

14. H. Beilin, « Developmental stages and developmental process », in D. Green, M. Ford and G. Flamer, (Editors), *Measurement and Piaget,* New York, McGraw Hill, 1971.

Le développement du jugement moral

« innéiste » ni un « performiste » ; même s'il soutient que ses stades peuvent être chacun divisé en deux « phases », la première étant celle de la « préparation » et la deuxième, celle de l'« accomplissement », il se refuse à être qualifié d'« incrémentaliste ». Comme Piaget l'indique lui-même dans son livre de 1970, il s'agit d'un *transformationnisme,* dans lequel l'individu garde l'initiative de l'action.

On aura noté la différence entre cette conception *développementaliste* et la théorie du « social learning », cette dernière faisant reposer le développement d'un individu quasi exclusivement sur les *stimuli* présentés par le milieu environnant. La théorie développementale ne rejette pas l'influence du milieu, comme le fait la théorie maturationniste ou innéiste ; mais elle situe cette influence au sein d'un processus *interactif* entre l'individu et les stimuli qu'il reçoit. C'est dans cette *interaction* que l'individu peut procéder à une transformation de sa structure de pensée.

LE DÉVELOPPEMENT MORAL

Piaget a tenté d'appliquer sa théorie cognitive au développement du jugement moral, mais les stades qu'il avait identifiés étaient trop vastes pour constituer une séquence complète. Dans les recherches pour sa thèse doctorale [15], Lawrence Kohlberg a analysé les jugements moraux d'une soixantaine de garçons de dix à seize ans. Il a pu identifier diverses étapes bien distinctes dans le développement du jugement moral. Ces étapes sont plus précises que celles identifiées par Piaget, mais elles ne s'y opposent pas.

---

15. Lawrence Kohlberg, *The Development of Modes of Moral Thinking and Choice, in the years ten to sixteen,* thèse doctorale non publiée, University of Chicago, 1958.

Les niveaux

Kohlberg distingue trois *niveaux* [16] dans le développement du jugement moral : le niveau d'une morale pré-conventionnelle, celui d'une morale conventionnelle et enfin le niveau d'une morale post-conventionnelle. Cette division peut sembler construite plus pour répondre à un souci de logique qu'à une analyse de la réalité du développement du jugement moral des humains. Pourtant, cela n'est pas le cas ; les recherches de Kohlberg et celles de ceux qui ont voulu vérifier cette théorie démontrent expérimentalement, et cela dans plusieurs contextes culturels différents, que le développement du jugement moral s'opère ainsi.

À chaque niveau, les recherches expérimentales ont montré qu'il existe au moins deux types de structures différentes de raisonnement moral. Le développement du jugement moral s'échelonne alors sur six *stades* séquentiels mais radicalement distincts les uns des autres. Nous avons nous-même vérifié l'existence de ces stades auprès d'adolescents québécois. Nos recherches confirment aussi la séquentialité de ces stades [17].

Kohlberg parlera aussi d'un autre type de « niveaux » : *les niveaux du discours moral* [18]. Ces derniers ne sont pas des stades ;

---

16. Le terme « level », que nous avons traduit par « niveau », n'implique pas une notion de « meilleur ». On pourrait penser ici à l'idée de *phase*.

17. Ces recherches furent rendues possibles grâce aux subventions accordées, en 1969-1971, par la Direction générale de l'Enseignement supérieur (D.G.E.S.) du Ministère de l'Éducation du Québec, et par les subventions S-69-1465, S-72-1811, S-72-1811-S1, S72-1811-S2, S72-1811-S3 du *Conseil des Arts du Canada,* Division des Sciences humaines et des humanités.

Nous tenons à remercier ces organismes de la confiance qu'ils ont mise en nous, et surtout de l'intérêt qu'ils ont manifesté pour ce domaine du développement humain.

18. Remarquons que c'est surtout dans les premiers écrits de Kohlberg que ces niveaux de discours moral sont signalés. Il utilisait en plus le concept de l'« aspect », et il avait élaboré un système de codage basé sur ces aspects. Kohlberg lui-même nous a recommandé d'ignorer cette question des « aspects ». Si nous en parlons, c'est pour éviter qu'à la lecture des premiers écrits de Kohlberg, on confonde « aspect » et « issue », ou encore les deux types de niveaux.

Le développement du jugement moral

ils ne doivent pas non plus être confondus avec les « niveaux » tout court. Les *niveaux du discours moral* indiquent le degré d'abstraction dont l'individu fait montre dans l'« exercice moral ». Le niveau de discours II, par exemple, fonde la morale sur les *normes* ; le niveau de discours V, par contre, fait appel à une théorie éthique ; le niveau de discours VI exige qu'on réponde à la question : « pourquoi être moral ? » Il y a certes des liens étroits entre les niveaux de discours et les stades ; cependant lorsque les stades font appel à une typologie de motifs, les niveaux de discours moral indiquent le degré d'abstraction atteint par l'individu dans sa « démarche morale » ou dans sa « réflexion morale », ce qui est un facteur important dans le *développement du jugement moral.*

Les stades

Soit dit en passant, la terminologie de Kohlberg est difficile, car il lui arrive d'utiliser des mots qu'il ne définit guère dans ses écrits ; par exemple, les modes, les éléments, sans parler des institutions, des aspects, des catégories, etc. Pourtant, Kohlberg utilise le terme « stade » dans le même sens que ce terme a reçu dans la théorie de Piaget. Dans le développement du jugement moral, ses observations l'ont conduit à distinguer une séquence de six stades qui, par la suite, s'en verront ajouter deux autres (nous reviendrons plus loin sur ce développement dans la théorie de Kohlberg). Voici la description qu'il faisait des six stades en 1972, aucun texte global n'ayant été produit depuis, même si des ajustements ont été suggérés.

NIVEAU PRÉ-CONVENTIONNEL

À ce niveau, l'enfant répond aux règles culturelles du bon et du mauvais, mais il applique ces étiquettes en fonction des conséquences physiques ou hédonistes de l'action (punition, récompense, échange de bons soins), ou encore selon le pouvoir de coercition physique de ceux qui énoncent ou font respecter ces règles.

Stade 1

Orientation dite de la punition ou de l'obéissance simple

Les conséquences physiques d'une action déterminent ici sa bonté ou sa malice, sans égard à la signification ou à la valeur humaines de ces conséquences. L'esquive de la punition et une déférence inconditionnelle au pouvoir sont ici valorisées en elles-mêmes, et non pas par respect pour un ordre moral sous-jacent à la punition et à l'autorité (ce qui sera plutôt le fait du stade 4).

Stade 2

Orientation du relativisme utilitariste

L'action droite est ici celle qui, par sa médiance, peut satisfaire des besoins personnels, et occasionnellement, les besoins des autres. Les relations humaines sont considérées comme les relations strictement commerciales d'une place de marché. On retrouve certes ici la sincérité (fairness), la réciprocité et le partage, mais ces éléments sont toujours marqués d'un pragmatisme égocentrique. La réciprocité consiste en du *donnant-donnant,* où sont absentes loyauté, gratitude et justice.

NIVEAU CONVENTIONNEL

À ce niveau, l'action qui satisfait aux attentes de la famille, du groupe ou de la nation, est perçue comme valable en soi, indépendamment de ses autres conséquences. L'attitude morale comporte ici non seulement une *conformité* aux attentes de l'entourage et de l'ordre social, mais aussi une loyauté envers ces dernières, doublée d'une volonté active de maintenir, de supporter et de justifier l'ordre social, et d'identifier ses vues avec celles des personnes physiques ou morales qui le composent.

Stade 3

Orientation de la bonne concordance interpersonnelle

La bonne action est ici celle qui plaît, celle qui aide les autres ou celle que les autres approuvent. Il y a, à ce stade, une forte conformité aux images stéréotypées du comportement de la majorité ou au comportement identifié comme naturel. De plus, l'action est fréquemment jugée selon les intentions qui la sous-tendent. Pour la première fois, le « il a voulu bien faire » devient important. On cherche ici à gagner l'approbation des autres en étant « gentil ».

Stade 4

Orientation dite « de la loi et de l'ordre »

On retrouve ici une disposition à soutenir l'autorité, les règles définies et l'ordre social. L'action bonne est celle qui consiste à accomplir son devoir, à être déférent envers l'autorité, et à maintenir l'ordre établi.

NIVEAU POST-CONVENTIONNEL

À ce niveau, il y a un effort notoire pour définir des valeurs et des principes moraux valides, sans que leur validité ne dépende ni de l'autorité des personnes physiques ou morales qui peuvent les soutenir, ni du degré d'implication de l'individu avec ces personnes.

Stade 5

Orientation légale de type contrat-social

À ce stade, l'action droite est définie surtout en termes de droits individuels ou selon des critères examinés de façon critique et admis par l'ensemble d'une société. On reconnaît à ce stade le relatif des opinions personnelles ; l'accent est souvent mis sur les règles de procédures capables de favoriser un consensus véritable. Sauf pour ce qui est constitutionnellement et démocratiquement admis, le « bien » relève des valeurs personnelles. L'accent est mis sur le « point de vue légal », accompagné d'une forte insistance sur l'opportunité de changer les lois, selon un processus rationnel, lorsque le bien commun l'exige. En deçà du domaine légal, les ententes libres et les contrats honnêtes constituent la substance de l'obligation morale.

Stade 6

Orientation des principes éthiques

Le bien est ici défini selon la décision de la conscience individuelle éclairée, appliquant à une situation concrète des principes éthiques. Ces principes seront choisis en fonction de leur pertinence, cohérence, globalité et universalité [19]. Ces principes moraux sont abstraits, et ne constituent pas, à proprement parler, des règles morales, comme par exemple les dix commandements. Fondamentalement, il s'agit des principes de justice, d'égalité et de réciprocité des droits humains, et de respect de la valeur humaine de chaque individu [20].

Cette série de stades devra certes recevoir de nombreuses précisions. La théorie de Kohlberg est jeune : formulée en 1958, elle ne prend réellement corps qu'à partir de 1968-1969. Beaucoup de questions restent encore à éclaircir — et de nombreuses n'ont pas encore été formulées. On ne pourra donc pas s'attendre à ce que les quelques pages qui suivent, donnent plus que l'état actuel des recherches permet de dire.

Sans vouloir entrer dans les discussions trop éthérées, nous croyons nécessaire de signaler l'existence de deux autres étapes dans le développement du jugement moral. Kohlberg parle parfois d'un septième stade [21], encore mal défini, mais dont la principale orientation serait de résoudre une question méta-éthique : *pourquoi être moral ?* Sans rejeter la pertinence de la recherche à ce niveau, il nous semble plus important, pour l'éthique et pour l'éducation morale, de connaître l'existence d'une étape charnière entre le stade 4 et le stade 5. Kohlberg parlera même de stade 4½. Ce stade ressemble au stade 2, mais il offre une structure d'ensemble qui fait appel à un niveau de discours moral beaucoup plus élevé que celui du stade 2. L'individu de

---

19. Universalité de fait, ou encore *universabilité,* c'est-à-dire capacité d'universalité.

20. Cette description des stades est une traduction, aussi fidèle que possible, de celle qu'a écrite Lawrence Kohlberg, « Stages of moral development as a basis for moral education », dans Beck, C., Crittenden, B.S., et Sullivan, E.V., (directeurs), *Moral Education : Interdisciplinary Approaches,* Toronto, University of Toronto Press, 1971, p. 86-88. Traduction de Jean-Marc Samson et utilisation avec la permission de l'éditeur. © University of Toronto Press.

21. Lawrence Kohlberg, communication personnelle avec l'auteur, juin 1969 ; Lawrence Kohlberg, « Continuities in Childhood and Adult Moral Development », (revised). À paraître comme chapitre 45 dans : L. Kohlberg and E. Turiel (Editors), *Moralization : The cognitive developmental approach,* New York, Holt Rinehart and Winston.

stade 4½ fera appel, dans ses jugements moraux, à des critères « individuels », car il a remarqué que les morales des sociétés et des cultures souvent se contredisent.

Alors qu'au stade 4, l'individu est fidèle à sa culture, et qu'on peut dire de lui qu'il est « relativiste culturel », au stade 4½, il devient « relativiste éthique », ayant découvert que ce qui est bon à l'est, est déclaré mauvais à l'ouest, et vice-versa. N'ayant pas encore atteint le stade 5, et quand même obligé par les événements de poser des jugements moraux, l'individu de stade 4½ en sera réduit à juger moralement en utilisant, comme critères, ses « conceptions et goûts personnels », ce en quoi il peut être confondu avec un individu de stade 2. Au stade 2, cependant, c'est l'avantage personnel qui détermine la moralité d'un geste et alors l'individu ne sent pas du tout le relativisme de sa position.

La personne arrivée au stade 4½ sera donc aux prises avec le scepticisme éthique, ou fera montre d'un relativisme éthique extrême : par contre, la personne de stade 2 insistera pour fonder l'éthique sur une vision hédoniste de la réalité. La différence est énorme, mais dans la pratique, il est difficile de différencier un individu de stade 4½ d'un individu de stade 2, puisque l'un et l'autre font appel à leurs goûts personnels pour résoudre les problèmes moraux.

Dans un texte assez ardu, Kohlberg précise cette différence entre le stade 2 et le stade 4½ : il présente, à la fin, le stade 4½ comme une première démarche vers le stade 6, c'est-à-dire le sommet de la morale de niveau post-conventionnel :

> The adolescent crisis of relativism, stage 4½, can occur only because there is a dim apprehension of some more universal ethical standard in terms of which the cultural code is relative and arbitrary. To thoroughly and consistently explore the crisis of relativism is to decenter from the self, reverse figure and ground, and to see as figure the vague standpoint of principle which is the background of the sense of relativity [22].

---

22. Lawrence Kohlberg, « Continuities in Childhood and Adult Moral Development » (revised),... cité d'après les p. 56-57 du manuscrit.

On aura senti, dans ce texte de Kohlberg, cette volonté de cerner le fondement de la morale. La description du stade 6 permet de mieux cerner la conception de la justice qui détermine le sommet du développement moral. Kohlberg semble parfois présenter ce stade comme s'il s'agissait alors de l'adhésion, un peu à la Spinoza, à une éthique universelle, indépendante des lieux et des temps. L'évolution de sa pensée a conduit Kohlberg à définir le stade 6 comme celui où l'on est capable de juger non seulement en faisant appel aux *droits* des personnes en cause (comme le stade 5), mais aussi aux *devoirs* qui accompagnent ces droits.

Ce style de justice exige qu'avant de prendre sa décision, l'individu considère empathiquement le point de vue de toutes les personnes, physiques ou morales, impliquées dans la situation, essayant d'énoncer leurs *droits* ET leurs *devoirs* réciproques. Ce faisant, il doit constamment chercher à corriger les biais propres à la culture dans laquelle il baigne, à la profession qu'il exerce, aux goûts et intérêts qu'il a personnellement développés. Enfin, il doit juger sous le couvert de ce que l'on nomme le « voile de l'ignorance », s'efforçant de ne pas savoir laquelle des personnes il est lui-même, dans cette situation. Cette forme de « chaise musicale morale » [23] reprend en somme l'essentiel de la théorie de John Rawls dont nous ne chercherons pas à donner ici, ne fût-ce qu'un résumé [24]. Qu'il suffise de dire que pour Kant, agir moralement, c'est la meilleure expression d'un « je » nouménal, libre et rationnel, mais que l'individu ne peut connaître le nouménal, car il est impossible d'avoir une connaissance de ce qui dépasse les limites de l'expérience. Rawls affirmera plutôt un sens globalement acquis de la justice, « a sense of justice ». Il dira, entre autres : « Justice as fairness is a theory of our moral sentiments as manifested by our considered judg-

---

23. Lawrence Kohlberg, « The claim to moral adequacy of a highest stage of moral judgment », The *Journal of Philosophy,* vol. 70, no. 18, (25 octobre 1973), p. 644.

24. John Rawls, *A Theory of Justice,* Cambridge, Harvard University Press, 1971. Nous conseillons les études critiques de la réflexion de John Rawls, parues dans la revue ETHICS (vol. 85, no. 1, October 1974), surtout les articles de David L. Norton et de Stanley Bates.

ments in reflective equilibrium » [25]. Contrairement à Kant, qui a lié la rationalité et la moralité à tel point que toute action immorale est, *ipso facto,* irrationnelle, Rawls affirme que les désirs, sentiments et buts personnels peuvent rendre possible qu'un jugement rationnel soit injuste et immoral.

On aura compris que ce stade 6 constitue le sommet du jugement moral, du moins le sommet d'un jugement moral qui ne fait pas appel à un donné révélé. Il nous semble que ce stade 6 s'impose à l'éthicologie professionnelle et qu'il peut constituer pour l'éducation morale, un objectif valable.

Sans vouloir trop insister sur ce stade 6, nous croyons utile de préciser qu'il s'agit d'une *structure* de jugement moral, et non pas d'un *contenu.* L'individu de stade 6 ne juge pas en appliquant tout simplement, à un problème moral, un « principe » ultime et universel qu'il a réussi à découvrir et qui agirait comme un passe-partout capable de résoudre tous les problèmes. Chaque situation que veut juger un individu de stade 6 l'oblige à mettre en œuvre un *processus de jugement,* qui nous semble être celui décrit par John Rawls. Ce *processus,* on peut le qualifier, comme le fait Kohlberg de : *ideal role-taking* [26], et on peut en décrire les étapes. Voici d'ailleurs comment Kohlberg lui-même précise le déroulement :

> The steps for an actor involved in making such a decision based on ideal role-taking are :
>
> 1 — To imagine oneself in each person's position in that situation (including the self) and to consider all the claims he could make (or which the self could make in his position).
>
> 2 — Then to imagine that the individual does not know which person he is in the situation and to ask whether he would still uphold the claim.
>
> 3 — Then to act in accordance with these reversible claims in the situation [27].

---

25. John Rawls, *op. cit.,* p. 120.
26. Lawrence Kohlberg, « The claim to moral adequacy of a highest stage of moral judgment », *The Journal of Philosophy,* vol. 70, no. 18, (October 25, 1973), p. 644.
27. L. Kohlberg, « The claim to moral adequacy... », p. 641.

Après ce tour des points de vue, l'individu de stade 6 jugera selon le principe de l'égalité entre humains en essayant de résoudre la question complexe des droits et des devoirs qu'entraînent ces droits.

On peut relever ici deux difficultés principales. D'une part, l'enchaînement *droits-devoirs* risque de provoquer, pour un individu en situation concrète parmi des millions d'autres personnes, une gamme quasi infinie de *devoirs*. À cet effet, Kohlberg mentionne :

> The individual moral agent has rights, and these rights are incompatible with having duties to every right of every other. Because a human being has a right to life, other humans have a duty to save that life. The conditions under which one human being has a duty to save the life of another human being require clarification of what it means for a « rational moral agent » to choose between conflicting duties since he cannot be an omnipotent saint [28].

La deuxième difficulté tient au fait que l'analyse du problème moral implique la reconnaissance des éléments ou valeurs qui le constituent, et exige la plus parfaite connaissance possible de ces éléments ou valeurs. On doit alors faire appel aux connaissances scientifiques les plus récentes et aussi aux réflexions philosophiques les plus fines. Il faudra probablement, en plus de ce tour d'horizon, tenter de faire avancer l'état actuel des connaissances et de la réflexion humaine sur chacun des éléments ou valeurs de la situation. L'individu de stade 6 est alors confronté avec une limite : son jugement moral s'entache de relatif, mais d'un relatif tout autre que celui du stade 4½. Ce « relativisme » relève des caractères spatio-temporels de l'existence humaine. Guy **Durand** a bien identifié cette situation lorsqu'il écrit :

> Il n'y a pas alors de morale humaine immuable, fixée une fois pour toutes. Il n'y a de morale qu'évolutive. Il appartient à l'homme de découvrir ce qui promeut l'humanité, ce qui rend plus humain, c'est-à-dire plus interrogateur, plus créateur, plus ouvert, plus oblatif, plus fraternel, *compte tenu chaque fois du*

---

28. Lawrence Kohlberg, « The claim to moral adequacy... », p. 641.

Le développement du jugement moral

point où est arrivée l'histoire. La morale est toujours condition-
née par l'histoire passée, mais elle ne l'est que partiellement,
de telle sorte que la réflexion de l'homme tende toujours à
dépasser le point où il est arrivé et que son effort vise à se
conformer aux valeurs mises en relief [29].

Mais comment définir le « plus humain » ? Lié à l'histoire
et fort de sa liberté, l'homme, à notre avis, remonte de sa
« nature » et ne peut définir, *hic et nunc,* le « plus humain »
qu'en fonction de son projet, c'est-à-dire de l'orientation qu'il a
voulu imposer à sa propre évolution. Ainsi, l'individu de stade 6
sera conscient de la position « relative » du point de l'histoire
où il se situe. Pour certaines questions, il sentira que l'humanité
et lui ne possèdent pas *encore* les éléments de réflexion capables
de lui permettre un jugement parfaitement « éclairé » ; cependant, c'est dans l'aujourd'hui qu'il doit juger moralement, et
une dérobade serait normale, mais combien peu souhaitable. En
effet, qui est-il pour prétendre dépasser la réflexion de l'humanité ? D'autre part, comment ne pas évoquer ici ces mots de
Carl Jung :

> Comme tout changement doit commencer quelque part,
> c'est l'individu isolé qui en aura l'intuition et le réalisera. Ce
> changement ne peut germer que dans l'individu, et ce peut être
> dans n'importe lequel d'entre nous. Personne ne peut se per-
> mettre d'attendre, en regardant autour de soi, que quelqu'un
> d'autre vienne accomplir ce qu'il ne veut pas faire [30].

Rappelons que les stades représentent chacun une structure
d'ensemble qui peut conduire à une variété de « réponses » différentes face à un même problème moral. Pour nous, la « réponse » fait partie de ce que nous avons techniquement qualifié de
contenu. Plusieurs combinaisons sont ici possibles : par exemple, deux individus de stade 3 peuvent, l'un dire : « oui » à
l'avortement, l'autre disant : « non ». Leurs réponses divergent,
mais elles se fondent l'une et l'autre sur une même typologie de
motifs, l'un voulant ainsi faire plaisir à sa femme, l'autre voulant

---

29. Guy Durand, *Éthique de la rencontre sexuelle,* Montréal, Fides,
© 1971, p. 16-17. C'est nous qui soulignons.
30. Carl Jung, *Essai d'exploration de l'inconscient,* traduction de
Laure Deutchmeister, Paris, Gonthier, 1964, p. 143.

continuer à être « bien vu » dans son groupe d'amis. Des individus peuvent aussi en arriver à une « réponse identique », même s'ils sont de stades différents ; alors, la typologie de leurs motifs sera différente. Ainsi, pour situer un individu dans un stade donné, il ne faut pas se fonder sur le « contenu » de sa décision, mais sur la typologie des motifs qu'il invoque.

On se doit aussi d'éviter de considérer les stades du développement du jugement moral comme des cloisons étanches. Les stades constituent une intégration hiérarchique :

> This implies that higher stages include lower stages as components reintegrated at a higher level. Lower stages, then, are in a sense available to, or comprehended by, persons at a higher stage. There is, however, a hierarchical order of preference for higher over lower stade [31].

Séquentialité invariable

On peut affirmer que les six stades forment une séquence invariable [32]. Aux États-Unis, à Taiwan, au Mexique, en Turquie, en Angleterre, en Israël, en Ontario et au Québec, des recherches fondées sur des observations empiriques confirment que l'orientation du développement du jugement moral va du stade 1 vers le stade 6. Il semble donc que ces stades se vérifient dans plusieurs cultures [33], et qu'ils ne sont pas le fruit d'une réflexion théorique cherchant à expliquer « rationnellement » l'humain en lui imposant des catégories inventées dans un effort de logique. En plus d'être invariable, cette séquence est *obligatoire et irréversible* car on n'observe pas de « saut » de stade,

---

31. Lawrence Kohlberg, « From is to ought : How to commit the naturalistic fallacy and get away with it in the study of moral development », in T. Mitchel, (Editor), *Genetic Epistemology*, New York, Academic Press, 1971, p. 187.

32. Depuis 18 ans, Kohlberg poursuit une étude longitudinale auprès d'une cinquantaine de personnes. Chacun de ces sujets a démontré, dans son développement moral, l'invariabilité de la séquence des six stades.

33. Lawrence Kohlberg, « Stages and Sequence : The cognitive-developmental approach to socialization », in David A. Goslin, (Editor), *Handbook of socialization theory and research,* Chicago, Rand McNally College publishing Co., © 1969), p. 347-480.

Le développement du jugement moral

ni, en général, de régression durable. Certes, il n'est pas garanti que tous les individus atteignent le stade 6, car le développement peut s'immobiliser à l'un quelconque des stades. On doit aussi ajouter que chaque individu progresse à son rythme propre sans qu'il en devienne pour autant moins moral. En général, cependant, le stade 1 ou le stade 2 est prépondérant jusqu'à l'âge de 10 ans ; vers 13 ans, l'adolescent moyen est au stade 3. Entre 16 et 20 ans, il sera au stade 4. Le stade 5 est rarement atteint avant l'âge de 20-25 ans, et il est peu probable que le stade 6 le soit avant 30-35 ans. Il s'agit ici d'indications statistiques moyennes ; comme on le verra, plusieurs facteurs peuvent retarder ou empêcher le développement du jugement moral.

Liens avec les autres types de développement

Il ne faut pas non plus confondre les stades du développement cognitif avec les stades du développement moral. Nous croyons qu'il importe de citer ici les mots mêmes de Kohlberg :

> Our cognitive hypothesis is, basically, that moral judgment has a characteristic form at a given stage, and that this form is parallel to the form of intellectual judgment at a corresponding stage. This implies a *parallelism* or *isomorphism* between the development of the forms of logical and ethical judgment. By this we mean that each new stage of moral judgment entails a new set of logical operations not present at the prior stage. The sequence of logical operations involved is defined by Piaget's stages of logico-mathematical thinking. (...)

> But the isomorphism of cognitive and moral stages does not mean that moral judgment is simply the *application* of a level of intelligence to moral problems. We believe moral development is its own sequential process rather than the reflection of cognitive development in slightly different content area. (...)

> While moral stages are not simply special applications of logical stages, logical stages must be *prior* to moral stages, because they are more general. In other words, one can be at a given logical stage and not at the parallel moral stage, but the reverse is not possible [34].

---

34. « From is to ought... », p. 186-197.

Jean-Marc Samson   27

Ce rapport entre les stades du jugement moral et les stades du développement cognitif avait été étudié en 1969-1970 surtout au niveau de l'enfant. Des recherches plus récentes, et aussi un développement de la série des stades de Piaget, a permis de constater ce *parallélisme* chez l'adolescent. À la suite des recherches de Kuhn, Langer, Haan, Colby et Fritz, et de celles de Kohlberg lui-même, on peut affirmer que « the empirical relations found are that a given logical stage *is a necessary but not sufficient* condition for the parallel moral stages » [35].

Ainsi, même s'il demeure un développement particulier, le développement du jugement moral se fait en relation avec d'autres types de développement. Des recherches empiriques ont clairement montré que le développement dans les stades du jugement moral suppose, en parallèle, un développement dans les stades piagétiens du développement de la pensée logique. Le développement moral repose sur le développement de la pensée logique ; il s'agit ici d'une condition nécessaire, mais non suffisante. Cependant, l'isomorphisme entre les stades cognitifs et les stades du jugement moral n'entraîne pas un parallélisme automatique. D'une part, les stades moraux ne sont pas de simples *applications* des stades cognitifs ; de plus, même si le développement logique doit précéder le développement moral, cela ne signifie pas qu'un progrès dans la pensée logique entraîne, *ipso facto,* un progrès dans le jugement moral. Il s'agit de deux types de développement, qu'il ne faut pas confondre, même s'ils sont liés entre eux.

Il existe aussi un troisième type de développement, structuré lui aussi en stades : le développement de la perception sociale, élaboré principalement par Erikson. Ces stades décrivent comment un individu voit les autres, comment il interprète leurs intentions et leurs sentiments, et comment il situe leur rôle et leur place dans la société. Comme pour la pensée logique, le développement dans les stades de la perception sociale précède le développement dans les stades du jugement moral.

---

35. « Continuities in childhood moral... », p. 13.

Le développement du jugement moral

On peut donc parler d'une *séquence horizontale,* comportant les étapes suivantes : d'abord confirmation à un certain stade du développement de la pensée logique ; cela *permet* l'atteinte d'un niveau particulier de perception sociale ; peut ensuite survenir un développement parallèle dans le jugement moral.

Il existe une quatrième et dernière étape à cette séquence horizontale : l'agir moral lui-même. L'agir de haute qualité morale requiert un stade élevé du jugement moral ; on ne peut agir vraiment en fonction de principes moraux si l'on ne comprend pas ces principes. Cependant, on peut juger en fonction des principes, sans pour cela agir selon le jugement ainsi formulé. Plusieurs facteurs peuvent expliquer ce hiatus : la situation elle-même, la pression de l'entourage, les émotions, la force ou la faiblesse de l'*ego.*

La présentation de cette séquence horizontale ne doit pas, pour autant, écarter la nécessité d'une éducation du jugement moral. Comme les autres types de développement, le jugement moral présente une séquence *verticale* de stades dont il est essentiel d'assurer le progrès par une démarche éducative bien spécifique. Répétons-le : les développements de la pensée logique et de la perception sociale peuvent PERMETTRE un développement parallèle du jugement moral, mais ils ne le provoquent pas d'eux-mêmes ; ils sont une *condition nécessaire mais non suffisante* au développement du jugement moral. Ce dernier postule une interaction particulière pour pouvoir se développer.

On doit ainsi signaler que les recherches empiriques ne remarquent pas de différence entre le « degré » de développement moral des garçons et celui des filles. Nous avons cependant constaté, dans nos propres recherches, une tendance chez les adolescentes à s'attarder plus longuement au stade 3. Il s'agit là d'une piste nouvelle qui suggère qu'entre les sexes peut exister, à l'intérieur d'une même séquence de stades, des cheminements momentanément différents.

Il semble aussi que cette séquence de stades ne soit pas directement influencée par le statut socio-économique. J'insiste sur le mot *directement,* puisque si l'évolution dans les stades est supportée par l'apport à l'individu de situations conflictuelles, et par l'écoute de la façon dont certaines personnes significatives peuvent, à un stade plus élevé, résoudre ces conflits, il est évident que dans un milieu qui offre moins de stade élevé, les chances sont plus minces d'en rencontrer, et partant d'être confronté à un jugement qui pose question. Ici comme dans de nombreux autres domaines, les nantis ont plus d'opportunités que ceux qui le sont moins. D'autres études indiquent que le stade de l'enfant ou de l'adolescent est directement corrélé avec celui de la mère, et peu ou pas avec celui du père. En terminant la question du parallélisme avec le développement du « cognitif », mentionnons que les stades du développement moral sont corrélés (entre .40 et .60) avec l'intelligence mesurée.

L'Affectif

La théorie du développement moral élaborée par Kohlberg permet aussi de tenir compte de l'*affectif.* En effet, ce n'est que récemment que l'on a accepté que l'humain était autre chose que sa seule raison. Une théorie du développement du jugement moral a tout avantage à respecter ce domaine de l'humain. Sur ce sujet, Kohlberg écrit :

> Discussions of cognition and affect usually founder under the assumption that cognitions and affects are different mental states leading to the question « which is quantitatively more influencial in moral judgment, states of cognition or states of affect ? » In contrast to irrational emotive theories of moral development such as those of Durkheim and Freud, the cognitive-developmental view holds that « cognition » and « affect » are different aspects, or properties, on the same mental events, that all mental events have both cognitive and affective aspects, and that the development of mental dispositions reflects structural changes recognizable in both cognitive and affective perspectives. It is evident that moral judgments often involve strong emotional components, but this in no way reduces though it may imply a somewhat different functioning of the cognitive component than is implied in more neutral areas. [36]

36. Lawrence Kohlberg, « From is to ought... » p. 188-189.

Ainsi, sans réduire la dimension « raisonnante » du jugement moral, la théorie de Kohlberg permet d'y respecter la
dimension « affective ». Dimension qui, à mon avis, a longtemps
été négligée dans le domaine éthique et dans celui de l'éducation
morale.

Compréhension et préférence

On se doute bien que l'ensemble de la théorie de Lawrence
Kohlberg sur le développement du jugement moral comporte
une élaboration plus détaillée que la seule énumération des
stades. Sans vouloir surcharger un texte qui est déjà difficile
aux non-initiés, nous croyons nécessaire de présenter certains
aspects particuliers de cette théorie. L'éthicologue pourra être
ainsi mieux équipé pour décider s'il doit accorder à cette théorie
kohlbergienne une place primordiale ou secondaire dans la *nouvelle problématique* de l'éthique. Nous croyons aussi que l'éducation morale ne peut ignorer certains des aspects qui vont suivre
lorsqu'elle voudra élaborer une pédagogie fondée sur cette théorie
du développement du jugement moral.

Il importe d'abord de savoir que les individus, dans leurs
préférences, voudraient pouvoir juger moralement avec les
arguments des stades supérieurs au leur. Cela a été démontré
expérimentalement par James Rest, collaborateur immédiat de
Kohlberg. Les recherches de Rest [37] indiquent aussi qu'un individu peut *comprendre* les arguments de tous les stades qui pré-
cèdent le sien, et aussi *comprendre* les arguments du *stade immédiatement supérieur au sien.* Par exemple, un individu de
stade 3 pourra *comprendre* les arguments invoqués par quelqu'un de stade 4, mais il considérera comme insignifiants, voire
ridicules, les arguments d'une personne de stade 5. Par *compréhension,* on entend ici cette capacité d'accepter intellectuelle-
ment la valeur de certains arguments, sans adhérer moralement

---

37. J. Rest, *Developmental hierarchy in preference and comprehension of moral judgment,* Thèse doctorale, University of Chicago,
1969 ; J. Rest, E. Turiel and L. Kohlberg « Relations between Level of
Moral Judgment and Preference and Comprehension of the Moral Judgment of Others », *Journal of personality,* vol. 37, (1969), p. 225-252.

à ces arguments. Ainsi, l'individu de stade 3, qui *préfère* les arguments des stades 5 ou 6, parce qu'ils « sonnent » bien, ne *comprend* réellement que les arguments des stades 1, 2, 3 et 4. Pourtant, dans ses jugements moraux, il ne fera usage, principalement, sinon exclusivement, que d'arguments de stade 3.

Il est nécessaire de rappeler ici que le *jugement* moral ne doit pas être confondu avec la *connaissance* morale, ni avec *l'opinion* morale. Les structures du jugement moral que nous avons décrites en terme de stades n'entraînent pas un *contenu* particulier de la décision morale. Les stades sont des organisations structurelles de pensée morale, qui n'exigent pas l'adhésion à telle ou telle autre décision morale. On peut être surpris de ne pas pouvoir situer Hitler au stade 1, ni non plus de placer les gens les plus généreux et les plus doux au stade 6. La bonté, la générosité, la gentillesse n'indiquent pas un progrès dans les stades du jugement moral. On peut, par exemple, à tous les stades, favoriser le maintien de la peine de mort ; cependant, l'argumentation utilisée reposera sur une orientation ou une typologie des motifs qui sera complètement différente d'un stade à un autre. Le « contenu », c'est ici de favoriser le maintien de la peine de mort ; l'analyse des motifs invoqués pour en arriver à cette décision, permet d'identifier une structure, une orientation, une typologie particulière : c'est-à-dire le stade du développement du jugement moral.

Nous nous permettrons d'insister sur ce dernier point. Comme le signale James Rest :

> It is an empirical question whether altruism, kindness, or generosity is correlated with moral judgment. It is not a matter settled by definition [38].

Ceux qui abordent pour la première fois cette théorie du développement du jugement moral basée sur une transformation graduée de la *structure* de raisonnement moral, trouvent souvent très difficile de faire la distinction entre les qualités morales d'un

---

38. James Rest, « Trends and issues in the assessment of moral judgment », in T. Lickona (Editor), *Man and morality*, New York, Holt, Rinehart and Winston, 1973. Cité d'après le manuscrit, p. 14-15.

Le développement du jugement moral

individu et le degré de développement de son jugement moral. On ne doit pas croire que toute la personne de stade 2 est plus ou moins sadique, ni que les personnes de stade 5, dans leur attention à la démocratie, ne retiennent que les meilleures propositions d'un consensus universel.

On peut haïr au stade 3, comme on peut être très chaleureux et délicat au stade 2. Le motard comme le juge peuvent être de stade 4, et il n'est pas dit que tous les éthicologues et que tous les éducateurs soient de stade 6. Certes, on peut s'attendre à ce qu'un individu de stade 5 ou 6 ait un sens de la justice plus fin que les personnes de stade inférieur, mais cela ne le rendra pas automatiquement meilleur époux, ou plus généreux dans ses dons aux œuvres sociales de bienfaisance.

Les angles

On peut aborder un problème moral sous divers angles, le considérer sous plusieurs aspects : par exemple, le vol d'un médicament peut être « discuté » sous l'angle de la loi, sous celui de la propriété, ou encore sous celui de la « conscience » de l'auteur et/ou de celui qui fait le jugement. Kohlberg, dans sa théorie, s'occupe des divers angles d'attaque d'un problème moral. Il utilise, en anglais, le terme *issue* que nous avons ici traduit par *angle*. Pour Kohlberg, l'angle *(issue)* est « l'unité de base » [39] du jugement moral. Certaines de ces « unités de bases » font appel à ce que les philosophes nomment les « institutions morales », comme : la loi, la propriété privée, l'autorité, etc. Certains angles, comme l'angle de la loi, peuvent se subdiviser en sous-unités, tandis que d'autres, comme l'angle de la sexualité, n'ont de spécifique que l'éclairage particulier qu'ils projettent sur une question morale.

Au départ, Kohlberg avait identifié près de quarante angles. Après des regroupements par champs, il n'en a pratiquement retenu qu'une quinzaine. Les recherches qui procèdent à l'analyse du développement du jugement moral, se contentent habi-

---

39. L. Kohlberg, *Issue Manual. Part I : « The concept and organization of the issues »*, polycopié, May 1973, p. 2.

tuellement de considérer les jugements moraux des sujets de l'expérimentation sous une quinzaine d'angles, parfois moins. Dans notre recherche auprès de 174 adolescents et adolescentes de la grande région de Montréal, nous avons retenu 15 angles (issues), dont voici la liste :

A — La loi

Cet angle se subdidivise en trois :

A1 – Règles, règlements et directives.
> Il s'agit ici de l'angle de la contrainte des us et coutumes plutôt que de l'angle légal comme tel.

A2 – Les stéréotypes de rôles.

A3 – La loi comme modèle d'obligation.

B — La conscience

On pourrait subdiviser cet angle en 23 sections, que Kohlberg numérote de B-1 à B-23. Quant à nous, nous avons retenu quatre divisions, dans lesquelles nous regroupons la liste des 23 sections. On notera que le chiffre romain dans le sigle des angles, fait référence aux *niveaux du discours moral.*

Bɪ – *Culpabilité et conscience honteuse*
> On fait ici référence, lors de jugements moraux portant sur des actes précis, aux motivations des personnes pour qualifier ces actes de bons ou de mauvais. Par exemple, est bon un acte qui n'entraîne pas de culpabilité ni de sentiment de honte.

Bɪɪɪ – *Choix et approbation d'ordre éthique*
> On divise ici en deux sections :

> – *L'obligation* Bɪɪɪ3
> Cet aspect insiste sur la conception de *l'obligation* et de la responsabilité de *l'acteur* face à une décision à prendre, en mettant en jeu les motivations, les règles et les conséquences.

> – *Le blâme* Bɪɪɪ6
> Cet angle indique la conception du blâme, de la désapprobation ou de l'éloge vis-à-vis une *autre* personne qui est aux prises avec une décision ou un acte à poser.

On aura noté que l'angle « obligation » centre le jugement sur *l'acteur,* tandis que l'aspect « blâme » le déplace vers le *spectateur.*

Le développement du jugement moral

Bv – *La théorie d'ordre éthique*

Cet angle suppose un niveau de discours moral élevé, qui porte sur les principes moraux, sur la notion de justice, sur la nécessité d'agir moralement.

C — *Le relationnel*

Cet angle définit les rapports affectifs ou de coopération entre des individus occupant des rôles complémentaires : Ami-ami ; époux-épouse ; père-fils, médecin-patient, etc.

D — *L'autorité*

Le concept d'autorité est ici examiné sous divers aspects : la nature de l'autorité, son respect, ses privilèges, les droits de l'autorité.

E — *Les libertés civiles*

F — *La justice*

Cet angle englobe la notion d'équité, de réciprocité (promesse, serment), la notion de fidélité et d'égalité.

G — *La punition*

Quand, combien et comment punir ; rôle du châtiment, incluant les notions de revanche, de restitution, de réparation et de réhabilitation.

H — *La vie*

La valeur de la vie, plus particulièrement de la vie humaine.

I — *La propriété*

Le droit d'acquérir, de posséder, vendre, disposer de biens.

J — *L'honnêteté et la franchise*

Les notions de mérite, de confiance, d'obligations réciproques et contractuelles entre individus.

K — *La sexualité*

Tout ce qui touche l'activité sexuelle de l'humain : érotisme, « petting », relations sexuelles coïtales, et l'importance de la sexualité pour l'humain.

Je conviens qu'il est difficile, en une page, de décrire avec précision l'ensemble des angles. On aura noté, cependant, que certains angles (comme la sexualité), n'ont de spécifique que l'éclairage particulier qu'ils provoquent sur un problème moral. L'angle « loi », ou « normes », comme l'angle « relationnel », ne sont certes pas absents de l'angle « sexualité », mais ils y prennent alors une coloration si particulière, qu'il est justifié de parler d'un angle différent. Il y a aussi lieu de préciser que l'angle « conscience » fait référence ici à l'intériorisation consciente des « normes », « lois », « principes » qui « modulent » un jugement moral, et non pas à « la bonne conscience », ni à « cette petite voix de l'intérieur ». De même, il ne faut pas confondre l'angle « conscience » avec le *super-ego,* ni avec l'inconscient.

Cette liste quelque peu sèche des angles permet de mieux saisir qu'un individu peut approcher une question morale en favorisant d'abord, sinon exclusivement, l'un ou l'autre aspect. Le jugement moral le plus sûr sera certes celui qui voudra considérer un problème moral sous chacun de ces 15 angles ; la personne de stade 6 aura nettement la volonté et la capacité de juger moralement en tenant compte de l'ensemble des angles, tandis que les personnes de stade moins avancé favoriseront un seul angle ou un faisceau bien particulier d'angles d'approche.

Cette liste des « angles » permet aussi de comprendre un aspect du processus de passage d'un stade à un autre. Un individu peut utiliser des arguments de stade 3, par exemple, lorsqu'il analyse une question morale sous un angle particulier, et utiliser des arguments de stade 4 quand il considère la même question morale sous un autre angle. L'individu est alors de stade plus ou moins mixte. L'incohérence des arguments utilisés dans ses jugements pourra créer un conflit que l'individu voudra résoudre ; il procédera alors à une « restructuration » pour regagner l'harmonie intérieure. Certes, ce déplacement n'est pas brusque, et ce n'est que lentement que son jugement moral se fondera exclusivement sur des arguments du stade 4.

Le développement du jugement moral

Jusqu'ici, nous avons parlé de stade tout court. Il importe de signaler que tout jugement moral comporte une série d'énoncés qui font appel à divers stades. Le stade prédominant d'un individu est celui qui permet de résoudre le problème moral, et aussi celui qui est le plus souvent invoqué dans les énoncés du jugement moral. Il est possible, lors de l'analyse du jugement moral de quelqu'un, de préciser le pourcentage d'usage qu'il fait de chaque stade. On a convenu de distinguer alors deux types d'individus : les individus de *stade pur,* dont 50% et plus des énoncés émis se situent à un seul stade et qui ont moins de 25% du reste concentré dans un autre stade ; les individus de *stade mixte,* dont 50% et plus des énoncés émis se situent à un même stade, mais qui affichent une concentration de plus de 25% à un autre stade [40].

Les aspects par stade

La typologie des motifs, tout en se « restructurant » différemment d'un stade à un autre, pourrait être décrite à chaque stade selon chacun des 15 angles. Il s'agit alors d'une grille complexe qui identifie la typologie des motifs pour chacune des 90 cellules que comporte la grille des 6 stades, chacun précisé sous l'éclairage de chacun des 15 angles. Il serait fastidieux de présenter ici cette grille complexe, car elle couvre à elle seule, 25 pages de texte serré. L'usage de cette grille demeure cependant absolument requis lorsqu'on veut identifier, avec une précision scientifique, le stade du développement du jugement moral atteint par une personne. À l'aide de cette grille, et selon quelques procédés mathématiques, il est alors possible d'obtenir un score : Le « *moral maturity score* » (MMS). C'est principalement à l'aide de ce score *(MMS)* qu'on peut effectuer des comparaisons entre individus, ou entre les divers moments du développement moral d'un même individu.

---

40. On a aussi parlé d'individus de stade *diffus* que l'on ne peut situer à un quelconque stade. Leur existence semble indiquer que les méthodes utilisées pour identifier scientifiquement le stade d'une personne, nécessiteraient de plus amples raffinements. À tout événement, on ne retrouve jamais plus de 5 à 10% d'individus dans cette catégorie.

À l'aide de cette grille, on code, paragraphe par paragraphe, l'énoncé du jugement moral d'une personne. Cet énoncé doit porter sur au moins 4 à 5 problèmes moraux différents et complexes. On trouvera en annexe A un exemple de problèmes soumis aux individus pour permettre l'évaluation du degré de développement de leur jugement moral. Le codage relève, pour chaque paragraphe, l'angle et le stade utilisé.

Il est alors possible de déterminer le pourcentage d'usage de chaque stade et aussi de score de maturité morale ; à l'aide des pourcentages d'usage de chaque stade, on peut aussi situer *globalement* une personne à un stade en particulier.

La grille de codage ne donne pas les phrases ou expressions qu'il s'agit de retrouver telles quelles dans l'énoncé du jugement moral d'une personne. Elle indique plutôt *comment* un sujet d'un stade en particulier sera porté à considérer l'un ou l'autre des angles. Voici à titre d'exemple, le contenu d'une cellule de cette grille d'analyse :

Stade 3 — Loi (A3)

Pour l'individu de stade 3, la loi est essentiellement un système qui prohibe les actions antisociales ; généralement, l'individu de ce stade croit que les lois s'appliquent à tous : elles sont pour lui générales, mais ne définissent pas d'obligations fortes dans les situations conflictuelles là où il y a de « bons » motifs. Les lois sont généralement bonnes pour la majorité. L'individu de stade 3, sur cet angle, admet que certaines personnes peuvent enfreindre la loi « pour aider » quelqu'un. Il admet que les lois sont bonnes, désirables, parce qu'elles aident la majorité des gens à devenir bons et aussi parce que les « bonnes » gens et les « bons » législateurs pensent que c'est une bonne chose. Pour lui, les lois cherchent aussi à empêcher les « mauvaises » personnes d'effectuer des « mauvaises » actions. Quant aux personnes qui font les lois, ce sont de bonnes personnes et elles savent ce qu'elles font, et elles le font « bien ».

La grille de codage basé sur les angles *(issues)* comporte 90 descriptions de ce genre. Chaque paragraphe du jugement moral d'un individu sur un problème moral particulier, sera analysé

Représentation schématique des stades du jugement moral
et de l'importance relative de chacun des angles
(Conception et réalisation de Michel Rainville)

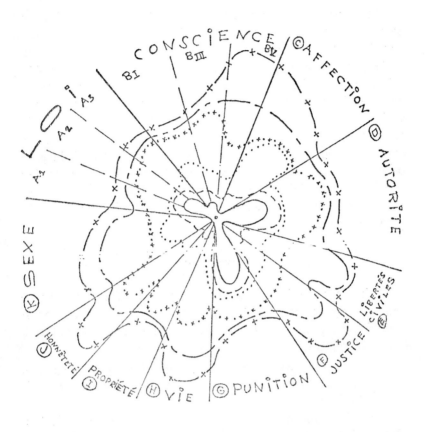

	STADE 1		Non-Moi (ne fait pas la distinction entre son moi et son environnement)
------	STADE 2		MOI, *mes* besoins, mon ego
· · · · · ·	STADE 3	En regard de l'individu et de son environnement......	Moi, mes amis, famille (groupe nucléaire)
+ · + · +	STADE 4		Le groupe, le gang, la société
------ -	STADE 5		La collectivité, la démocratie, grand nombre
— + —	STADE 6		L'Humanité, l'Universalité

selon cette grille ; répétons qu'il ne s'agit pas de rechercher une copie exacte des phrases de la grille dans les énoncés du jugement moral, mais bien plutôt de qualifier chacun des paragraphes du jugement moral, selon une des cellules de cette grille.

Pour visualiser les rapports entre les stades et les angles, on peut se référer au tableau présenté ci-après. On trouve, en partant du centre, différentes surfaces qui représentent chacune un stade particulier allant du stade 1 au stade 6 (le stade 4½ n'étant pas explicitement présenté). Chacun des angles reçoit, dans ce tableau, une aire qui représente l'importance que chaque stade lui accorde. On aura noté que les stades supérieurs intègrent les « surfaces » des stades inférieurs, en les dépassant sous certains angles particuliers. Nous invitons le lecteur à bien se pencher sur ce tableau, et à « faire le tour » de chaque stade ; cette promenade lui permettra de mieux saisir les rapports stades-angles, et de sentir le complexe processus du développement du jugement moral.

CRITIQUE

Même si cette théorie exige de nombreux affinements, on ne peut ignorer ces mots d'un auteur qui a fait une revue quasi complète des propositions actuelles sur l'éducation morale. Derek Wright écrit en effet :

> The major contribution to our understanding of moral judgment since Piaget's monograph has come from Lawrence Kohlberg. [41]

Cela étant dit, nous ne cacherons pas certains points faibles. Cette théorie commande en effet certaines réserves. Nous voulons ici en signaler quelques-unes, relevées dans la littérature scientifique. Pour quelqu'un qui comme Bieher [42] qualifie d'ana-

---

41. Derek Wright, *Psychology of Moral Behavior*, Harmondsworth, (England), Penguin Books, 1971, p. 169.

42. Bieher, R., dans S.C. Post (dir.), *Moral Values and the Super-ego Concept in Psychoanalysis*, New York, International Universities Press, 1972, p. 41, cité par June L. Tapp, « Updating the ticket of morality » (critique du livre de Post), *Contemporary Psychology*, vol. 19, (November 1974), p. 786-787.

chronisme toute métapsychologie, il est évident que cette théorie n'est qu'un construit inutile, voire même néfaste. On doit admettre pourtant avec Robert Craig [43], qu'à ce jour, la théorie élaborée par Kohlberg ne s'explique guère sur le processus de passage d'un stade à un autre. De plus, les éléments constitutifs de chaque stade n'ont pas encore été clairement distingués. Comment ne pas souhaiter qu'on en arrive, pour le développement du jugement moral, à cette finesse d'analyse que Pascual-Leone [44] a pu élaborer pour les stades piagétiens du développement cognitif, complété par la suite par les remarques de Robbie Case [45].

Quant à la validité de la séquence des stades du développement du jugement moral, elle souffre encore d'un manque de démonstration incontestable. Kurtines et Grief [46] ont bien signalé cette carence dans leur critique de cette théorie.

Quant à nous, il y a trois aspects que nous voudrions ici signaler. D'une part, dans son état actuel, la théorie laisse supposer qu'il y a, entre chaque stade, un même écart. Cela ne nous semble pas du tout certain, et nos recherches tendent à indiquer ici de fortes variations. Deuxièmement, les rapports angle-stade ont très peu été étudiés. On a théoriquement pris pour acquis que certains stades favoriseraient certains angles plutôt que d'autres, mais cela reste à démontrer empiriquement. Enfin, il se peut que le « jugement moral » auquel la théorie fait référence soit plutôt un jugement moral hypothétique, parce que, on l'évalue toujours à l'aide de situations hypothétiques. Qu'arrive-t-il

43. Robert Craig, « An analysis of the Psychology of Moral Development of Lawrence Kohlberg », *Counseling and Values,* vol. 20, (April 1971), p. 137-140.
44. J. Pascual-Leone, *Cognitive Development and Cognitive style : A general Psychological Integration,* Thèse doctorale, Université de Genève, 1969.
45. Robbie Case, « Structures and Strictures : some Functional Limitations of the Course of Cognitive Growth », *Cognitive Psychology,* vol. 6 (1974), p. 544-573.
46. William Kurtines et Esther B. Grief, « The Development of Moral Thought : Review and Evaluation of Kohlberg's Approach », *Psychological Bulletin,* volume 81, no. 8 (1974), p. 453-470.

lorsqu'un individu est confronté à des situations existentielles ? Juge-t-il avec le même stade ? Dans nos recherches, nous avons présenté à des adolescents des situations morales à composantes sexuelles, hypothétiques certes, mais moins éloignées de sa vie que les situations habituellement utilisées. On a pu constater une tendance, chez les adolescents, à utiliser alors des arguments de stade légèrement inférieur. Il nous semble en effet que juger d'une situation dans laquelle nous ne sommes pas vitalement impliqués, peut entraîner un jugement moral différent de celui que nous poserions si nous étions personnellement concernés par la question.

Il existe aussi deux dangers que nous voudrions mentionner. D'abord, une connaissance trop sommaire de cette théorie risque de conduire à un malheureux cataloguage des personnes. On ne saurait trop insister sur la différence qu'il existe entre juger une personne et évaluer le développement de son jugement moral. Le jugement moral n'est qu'une des dimensions de la personne humaine ; il serait faux de croire qu'en déterminant, même scientifiquement, le stade du développement du jugement moral de quelqu'un, on peut déterminer la valeur de cette personne. Le jugement moral n'est pas la mesure ultime qui permet le classement des humains. Et nous espérons que le lecteur saura comprendre que les stades ne sont pas des boîtes dans lesquelles on enferme des personnes.

Nous voudrions aussi faire remarquer que la théorie kohlbergienne du développement du jugement moral, insistant sur l'évolution des structures, laisse de côté le *contenu* du jugement moral. Cela ne signifie pas que le *contenu* soit désormais indifférent à la morale. L'intérêt que l'on peut porter à l'évolution de la structure de raisonnement moral ne rend pas vains tous les efforts faits pour déterminer les *valeurs morales*. L'éthicologue comme le philosophe moral garde son rôle important, un rôle que cette théorie ne vient pas mettre en doute.

PROBLÉMATIQUE NOUVELLE EN ÉTHIQUE

La présentation que nous avons faite de la théorie des stades du développement du jugement moral élaborée par Lawrence Kohlberg nous a semblé une approche nécessaire pour sensibiliser les éthicologues à une démarche nouvelle. Nous croyons que l'éthique pourra tirer grand profit à suivre de plus près le rythme du développement moral des personnes humaines. Ce faisant, elle peut éviter de se « désincarner par le haut », en confinant ses réflexions et ses avis au niveau des stades 6 ou 7. Elle ne perdrait certes rien à mieux comprendre les « réactions » morales des personnes tout au cours de leur cheminement moral ; de plus, elle pourrait en connaissant mieux le développement du jugement moral, réussir à traduire son discours en termes accessibles pour chacun des stades. Il sera certes difficile à l'éthique de rompre avec l'isolement des 5e ou 6e « niveaux du discours moral » ; mais si elle reconnaît que l'humain, même dans le domaine de la « morale », subit un processus évolutif, rien ne l'empêche alors de devenir attentive à cette maturation humaine. Ainsi, sans délaisser son rôle de « figure de proue », elle pourra, pas à pas, guider et épauler l'effort de chacun dans sa démarche lente et parfois pénible vers le stade de l'autonomie morale.

C'est à mon avis, en ce sens que l'éthique pourra le mieux « chuter dans le présent », non seulement le présent des événements contemporains, mais surtout le présent du développement moral de chaque personne. Car l'attention au présent des événements risque facilement de ne pas faire long feu si, parallèlement, l'éthique ne réussit pas à monnayer son discours pour qu'il soit significatif et accessible aux personnes de tous les niveaux et de tous les stades.

Quant à moi, je suis persuadé que les éthicologues sauront procéder à cette « conversion » de l'éthique en évitant le danger d'édulcorer, en le rendant accessible, le projet important qu'ils peuvent proposer à l'humain d'aujourd'hui.

L'éthique, dans sa *nouvelle problématique,* tirera profit, me semble-t-il, à consacrer plus d'énergie à la « structure » du jugement moral. Cela permettra d'encourager le développement du jugement moral vers le stade 6, celui de l'autonomie morale. Certes, il est utopique de croire que *tous* les humains peuvent, à brève échéance, atteindre le stade 6. On imagine d'ailleurs assez difficilement, avec nos « catégories » d'aujourd'hui, les rapports entre personnes dans une société formée d'une majorité de « stade 6 ». Cependant, on peut soutenir cette « utopie » en termes *d'objectif final* car il semble important que l'éthique cherche à permettre au plus grand nombre possible d'humains d'atteindre le niveau de l'autonomie. Comme le dit si bien Carl Jung :

> Tant qu'un individu ne se tient pas solidement sur ses jambes, les valeurs dites objectives ne lui sont que de peu d'avantage et même d'aucun bénéfice, car elles ne font que servir de substitut à son caractère, contribuant ainsi à l'effacement et à l'oppression de son individualité. [47]

L'éthique sexuelle

Nous nous permettrons ici une note sur l'éthique sexuelle. Certes, l'éthique aura dans ce domaine à « rajeunir » ses définitions de la sexualité humaine. Nous avons déjà proposé quelques remarques sur ce sujet, persuadé d'ailleurs que la sexualité a toujours, jusqu'à très récemment, été *utilisée* comme « levier » social, susceptible de promouvoir l'orthodoxie et la cohésion sociales [48]. En ce domaine, nous semble-t-il, les éthicologues auront non seulement à ajouter à leurs « réflexions » des éléments de « structure » ; au niveau du « contenu », il me semble, sans humour, qu'ils pourraient attentivement relire ces quelques lignes de Lars Ullerstam :

> Selon la morale chrétienne traditionnelle, on doit renoncer à ses propres besoins, s'ils ne sont pas religieux, et satisfaire ceux de son prochain pourvu qu'ils ne soient pas sexuels [49].

---

47. Carl Jung, *Présent et avenir...*, p. 79.
48. J.-M. Samson, « La révolution sexuelle de demain », dans *Informations sur les sciences sociales,* (Unesco), vol. 12, no. 4, (Juin 1973), p. 89-99.
49. Lars Ullerstam, *Les minorités érotiques.* Traduction de Lise et Hervé Axel, Paris, J.J. Pauvert, (© 1965), p. 38.

L'humanité a longtemps connu une morale sexuelle de stade 4. L'après-guerre semble avoir ouvert la porte à une éthique sexuelle de stade 4½. Dans sa recherche érotique, le monde contemporain diffère, nous semble-t-il, de la Rome antique qui cherchait plus à varier les plaisirs qu'à promouvoir une problématique sexuelle nouvelle. À notre avis, c'est moins l'élargissement de l'éventail des techniques sexuelles qui préoccupe le monde d'aujourd'hui, que le désir de découvrir dans la gestuelle sexuelle, une voie inexplorée de communication humaine. Cela lie *Eros* et *Ethos* de liens nouveaux. Et on peut souhaiter que l'éthique saura nous aider à formuler une morale sexuelle de niveau post-conventionnel.

PROBLÉMATIQUE NOUVELLE EN ÉDUCATION

La théorie du développement du jugement moral élaborée par Kohlberg permet de formuler une pédagogie particulière, capable d'opérer véritablement l'éducation morale des étudiants. Cette pédagogie pourra éviter le simple endoctrinement et sera apte à dépasser la seule conscientisation des attitudes et valeurs personnelles. Voici comment on peut définir cette pédagogie.

D'une part, on considère que le développement du jugement moral s'opère selon une séquence invariable de stades et que chaque individu ne peut comprendre que les arguments qui ne relèvent pas *de plus d'un* stade supérieur au sien. Si alors on présente à l'étudiant des arguments de stade immédiatement supérieur à celui où il se trouve (technique du + 1 stade), on le force lentement à restructurer son jugement moral, d'autant plus qu'il *comprendra* ces arguments. Ainsi, l'étudiant est constamment respecté dans son rythme de développement, et il est aussi entraîné vers une structure du jugement moral plus globale et plus fine.

Selon cette technique, nous avons effectué une recherche expérimentale dont l'intention était de démontrer l'efficacité d'une éducation sexuelle orientée vers le développement du jugement moral. À l'intérieur de cours réguliers de six écoles publiques du Québec, des professeurs entraînés par nos soins s'attardaient à présenter aux 100 étudiants de l'expérience, des arguments de +1 stade. Comparativement au groupe témoin, les étudiants soumis à une telle pédagogie ont plus progressé dans le développement de leur jugement moral : après une année de cours de ce type à raison d'environ deux heures/semaine, le pourcentage d'usage de stade supérieur était nettement plus élevé dans le groupe des sujets soumis à cette pédagogie que dans celui des sujets témoins. Et puisqu'il s'agissait d'éducation sexuelle, c'est le jugement moral en matière sexuelle qui a le plus progressé.

Certes, il n'y a pas lieu ici de discuter l'ensemble des résultats obtenus. On doit, cependant, signaler que l'intervention selon cette pédagogie a eu des effets différents selon le stade de départ des sujets ; on assiste à un plus grand progrès chez ceux qui, au départ, étaient de stade 2 ou 3, tandis que le progrès est moins marqué chez les individus qui, au début de l'expérience, étaient de stade 4.

Des résultats similaires ont pu être observés dans les travaux de Moshe Blatt [50], aux États-Unis, et dans ceux de Clive Beck [51], à l'Ontario Institute for Studies in Education. Les recherches de Beck démontrent en plus que cette pédagogie peut ne pas apporter des effets immédiats, mais qu'elle peut, par un effet de tremplin, provoquer, à moyen et à long terme, un développement du jugement moral plus prolongé et plus prononcé.

---

50. M.M. Blatt et L. Kohlberg, « The effects of classroom moral discussion upon children's level of moral judgment », 1969. À paraître comme chapitre 38 dans : L. Kohlberg and E. Turiel (Editors), *Moralization : The Cognitive Developmental Approach,* New York, Holt, Rinehard and Winston, (1975 ?) (Article qui constitue un résumé de la thèse doctorale de M. Blatt à l'Université de Chicago). Voir aussi les résultats d'une deuxième étude réalisée par les mêmes auteurs : M.M. Blatt et Lawrence Kohlberg, « The Effects of Classroom Moral Discussion », *Journal of Moral Education,* vol. 4, no. 2, (Février 1975), p. 129-161.
51. Clive Beck, Edmond Sullivan and Nancy Taylor, « Stimulating Transition to Post-Conventional Morality : The Pickering High School Study », *Interchange,* vol. 4, no. 3 (1972), p. 28-37. Voir aussi : Edmond V. Sullivan and Clive Beck, « A Developmental Approach to Assessment of Moral Education Programmes : A Short Commentary », *Journal of Moral Education,* vol. 4, no. 1 (Octobre 1974), p. 61-66.

Nos recherches nous invitent à croire que l'éducation morale fondée sur une pédagogie kohlbergienne, peut : 1) susciter chez les étudiants un intérêt réel pour l'éducation morale [52] ; 2) respecter chez l'étudiant, les délais de maturation propres à chacun ; 3) favoriser chez lui un passage vers des structures de jugement capables de mieux cerner l'ensemble des facettes d'un problème moral et aussi capable de faire appel à un niveau de principes plus élevé. Certes, cette forme d'éducation morale insiste moins sur le « contenu », ce qui ne plaira pas toujours à ceux qui cherchent à vendre des valeurs particulières.

Problématique nouvelle pour l'éducateur

La plus grande difficulté de cette pédagogie réside dans la transformation du rôle du professeur. Alors qu'hier on voulait qu'il serve de modèle, cette pédagogie exige de lui qu'il se mette au diapason des étudiants. Il lui faut d'abord connaître le stade où se situe l'étudiant qui est devant lui, organiser une discussion autour d'un quelconque problème moral, et présenter des arguments de + 1 stade. Ainsi, face à un groupe d'élèves de stade 2, le professeur valorisera les arguments du stade 3, même si lui-même, dans son for intérieur, peut vouloir résoudre le problème moral en question avec des arguments de stade 5 ou 6.

Cette démarche, en apparence assez facile, exige beaucoup du professeur. Il lui faut d'abord bien connaître les stades du jugement moral, ainsi que les angles d'analyse. Il devra aussi s'entraîner à déceler rapidement le stade d'un individu, et être capable de présenter, de *façon persuasive,* des arguments du stade immédiatement supérieur. Sans entraînement systématique, le meilleur professeur ne pourra pas vraiment appliquer cette pédagogie [53]. Cette pédagogie peut s'accommoder, en plus, des diverses méthodologies utilisées dans les écoles : cours magis-

---

52. À tel point que, dans notre recherche, les étudiants du groupe témoin ont cherché à sécher leurs autres cours pour participer aux classes d'éducation morale.
53. Une formation dans l'action est possible après une compréhension des aspects théoriques. On doit aussi pouvoir compter sur environ 75 à 90 heures de formation.

traux, discussion-échange, discussion de groupe, jeu de rôles, etc. Beaucoup de recherches conviennent d'accorder une plus grande efficacité au *role taking* suivi d'une réflexion de groupe. Notre recherche a cependant démontré que l'efficacité de chaque méthodologie varie selon le stade de l'élève. Il semble préférable d'utiliser le cours magistral avec des élèves de stade 5 ; la discussion et le jeu de rôles semblent indiqués auprès des élèves de stade 2. Pour les étudiants de stade 3 ou 4 une réflexion sur le vécu réel et immédiat, accompagnée d'un *role taking* semble préférable à la discussion de problèmes moraux hypothétiques. Le *role taking,* cependant, demeure encore plus ou moins absent de l'école d'aujourd'hui. C'est là une difficulté de plus pour l'éducation morale.

Enfin, la façon dont on classe et regroupe actuellement les étudiants, entraînera une hétérogénéité des stades dans une classe donnée. On peut facilement imaginer qu'un professeur aura à faire face à un groupe d'élèves qui ne sont pas tous au même stade du jugement moral. L'éducation morale s'en trouvera avantagée si le professeur est assez habile pour valoriser auprès des individus de stade 2 les arguments qu'apportent les élèves de stade 3, et pour apporter à ces derniers des arguments de stade 4, et ainsi de suite. Certes, cela exige de la part du professeur une souplesse et une connaissance des stades que seule une formation particulière peut donner. Et même là, il faudra songer à affecter à d'autres tâches les professeurs incapables de supporter le stress d'une telle pédagogie.

Éducation sexuelle

Quant à l'éducation sexuelle, nous croyons qu'il est nécessaire qu'elle soit explicite dans les écoles [54]. Cette éducation sexuelle scolaire, nous avons déjà indiqué assez longuement les avantages qu'elle aurait à intégrer, et dans ses objectifs et dans

---

54. Jean-Marc Samson, « L'éducation sexuelle à l'école : une stricte nécessité », *Chroniques* (Montréal), vol. 1, no. 8/9, (août-septembre 1975), p. 82-89.

sa démarche pédagogique, la théorie du développement du jugement moral de Kohlberg [55].

CONCLUSION

Nous osons croire que la connaissance de cette théorie du développement du jugement moral élaborée par Lawrence Kohlberg permettra à l'éthique des cheminements nouveaux. Grâce à elle, l'éthicologue pourra jouir d'un outil nouveau.

De plus, une pédagogie de l'éducation morale et sexuelle structurée à partir de cette théorie peut, à notre avis, permettre l'émergence de personnes capables de dépasser le conformisme moral, susceptibles de ne pas demeurer les pantins des valeurs des autres, et qui sait, être un jour aptes à contribuer à la reformulation de l'éthique.

---

55. Jean-Marc Samson, « Les objectifs de l'éducation sexuelle scolaire », dans J.-M. Samson, (Dir.), *L'éducation sexuelle à l'école ?*, Montréal, Éditions Guérin, 1974, p. 75-111.

LE MÉDICAMENT

Exemple d'un problème moral complexe, pour permettre l'évaluation du degré de développement du jugement moral.

En Europe, une femme atteinte d'un cancer était condamnée à mourir. Les médecins croyaient qu'il n'y avait qu'un seul médicament qui puisse la sauver ; c'était une sorte de radium découvert récemment par un pharmacien de la même ville. Il en coûtait cher au pharmacien pour le faire, mais il le vendait dix fois plus cher que son prix de fabrication. Il payait $200.00 pour le radium, et il exigeait $2,000.00 pour une petite dose du médicament. Pierre, le mari de la femme malade, se présente chez tous ceux qu'il connaît et chez toutes les maisons de finances pour leur emprunter de l'argent, mais il ne réussit qu'à amasser $1,000.00, soit la moitié du prix du médicament.

Il explique au pharmacien que sa femme est mourante et lui demande alors soit de lui vendre le médicament moins cher, soit de le laisser payer plus tard. Mais le pharmacien lui répond : « Non, c'est moi qui ai découvert le médicament, et je veux en retirer le plus d'argent possible ». Pierre se découragea et, la nuit suivante, il alla voler le médicament chez le pharmacien pour sauver sa femme.

Suivent alors une soixantaine de questions, telles que :

– Pierre a-t-il bien fait ? Pourquoi ?

– Est-il permis de voler dans cette situation ? Pourquoi ?

– Le pharmacien a-t-il le droit de vendre à ce prix ?

Annexe B

INDICATIONS BIBLIOGRAPHIQUES

BECK, Clive, CRITTENDEN, B.S., SULLIVAN, E.V. (dir.)
1971
    Moral Education : Interdisciplinary Approaches, Toronto, University of Toronto Press.

BLATT, Moshe M. & KOHLBERG, L.
1975
    « The effect of classroom moral discussion upon children's level of moral judgment », *Journal of Moral Education,* 4(2) : 129-161.

GILLIGAN, C., KOHLBERG, L., LERNER, J. & BELENSKY, M.
1971
    « Moral reasoning about sexual dilemmas : the development of an interview scoring system », *Technical Report of the Commission on Obscenity and Pornography,* vol. 1, Washington, D.C., U.S. Government Printing Office.

JURICH, Anthony P. & JURICH, Julie A.
1974
    « The effect of cognitive moral development upon selection of premarital sexual standards », *Journal of Marriage and the Family,* 36(4) : 736-741.

KOHLBERG, Lawrence
1958
    « The development of modes of moral thinking and choice in the years ten to sixteen », Thèse de Doctorat, Université de Chicago.

KOHLBERG, Lawrence
1963
    « The development of children's orientations toward a moral order. I. Sequence in the development of moral thought », *Vita Humana,* 6:11-33.

KOHLBERG, Lawrence
1964a

« The development of moral character and moral ideology »,
dans M.L. Hoffman (dir.), *Review of Child Development Research*, New York, Russel Sage Foundation, vol. I: 383-431.

KOHLBERG, Lawrence
1964b

« The development of children's orientations toward a moral
order, II. Social experience, social conduct, and the development of moral thought », *Vita Humana,* 7.

KOHLBERG, Lawrence
1966

« Moral education in the schools : a developmental view »,
School Review, 74 : 1-30.

KOHLBERG, Lawrence
1968

The Concept of Moral Maturity, communication à la Conférence du N.I.C.H.D. sur le Développement des Valeurs,
Washington, 15-17 mai 1968.

KOHLBERG, Lawrence
1969a

« Stage and sequence : the cognitive-developmental approach
to socialization », dans David A. Goslin (dir.), *Handbook of
Socialization, Theory and Research,* Chicago, Rand McNally,
347-479.

KOHLBERG, Lawrence
1969b

The Moral Atmosphere of the School, communication présentée à la Conférence de l'Association for Supervision and
Curriculum Development : « Unstudied Curriculum », Washington, 9 janvier 1969.

KOHLBERG, Lawrence
1970a

« Education for justice : a modern statement of platonic view »,
dans T. Sizer, (dir.), *Moral Education : Five Lectures,* Cambridge (Mass.), Harvard University Press, 57-83.

KOHLBERG, Lawrence
1970b

« Stage 6 and why it's best », *Social Science Lecture,* #154,
17 novembre 1970, Cambridge (Mass.) Harvard University.

KOHLBERG, Lawrence
1971a

« From is to ought : how to commit the naturalistic fallacy and
get away with it in the study of moral development », dans
T. Mitchel, (dir.), *Genetic Epistemology,* New York, Academic
Press, 151-235.

KOHLBERG, Lawrence
1971b
« Stages of moral development as basis for moral education »,
dans C.M. Beck, B.S. Crittenden et E.V. Sullivan, (dir.), *Moral
Education : Interdisciplinary Approach*, Toronto, University
of Toronto Press, 23-92.

KOHLBERG, Lawrence
1971c
« Moral development and moral education », dans G. Lesser,
(dir.), *Psychology and Educational Practice*, Chicago, Scott
Foresman.

KOHLBERG, Lawrence
1972
« Moral development and the new social studies lecture », exposé au National Council of Social Studies, Boston, Novembre
1972, polycopié, 19 pp.

KOHLBERG, Lawrence
1973a
« Moral development and the new social studies », *Social
Education*, 37(5) : 369-375.

KOHLBERG, Lawrence
1973b
« Continuities in childhood and adult moral development, re-
visited », à paraître dans : L. Kohlberg et E. Turiel, (dir.),
Moralization the Cognitive Developmental Approach, New
York, Holt, Rinehart and Winston, (in press).

KOHLBERG, Lawrence
1973c
« The claim to moral adequacy of a highest stage of moral
judgment », *Journal of Philosophy*, 70(18) : 630-646.

KOHLBERG, Lawrence
1974
« Education, moral development and faith », *Journal of Moral
Education*, 4(1) : 5-16.

KOHLBERG, Lawrence
1975
« The Cognitive-Developmental Approach to Moral Education », *Phi Delta Kappan*, 56(10) : 670-677.

KOHLBERG, Lawrence et équipe
1971a
« The issue manual. I. The concept and organization of the
issues. Part I and IA : II. The issues defined by stages », polycopié, 190 pp.

KOHLBERG, Lawrence et équipe
1971b
« The document of scoring rules » et « The guide for learning
to issue score including appendices A and B », polycopié, 22 pp.

KOHLBERG, Lawrence, KAUFFMAN, Delsey, SCHARF, Peter &
HICKEY, Joseph
1975
« The just community approach to corrections : a theory »,
Journal of Moral Education, 4(3) : 243-250.

LORIMER, R.
1971
« Change in the development of moral judgment in adolescence.
The effect of structural exposition versus film discussion »,
Canadian Journal of Behavioral Science, 3 : 1-10.

MAITLAND, Karen A. & GOLDMAN, Jacqueline R.
1974
« Moral judgment as a function of peer group interaction »,
Journal of Personality and Social Psychology, 30(5) : 699-704.

RAWLS, John
1971
A Theory of Justice, Cambridge (Mass.), Harvard University
Press.

REST, James R.
1969
Hierarchies of Comprehension and Preference in a Developmental Stage Model of Moral Thinking, Thèse Doctorale,
University of Chicago.

REST, James R.
1973
« The hierarchical nature of stages of moral judgment », *Journal
of Personality*. 41(1) : 86-109.

REST, James R.
1974
Manual for the defining issues test. An objective test of moral
judgment development, University of Minnesota. Polycopié.

REST, James, TURIEL, Elliot & KOHLBERG, L.
1969
« Level of moral development as a determinant of preference
and comprehension of moral judgment made by others »,
Journal of Personality, 37 : 225-252.

SELMAN, R.
1971
« The relation of role taking to the development of moral
judgment in children », *Child Development*, 42 : 79-91.

SPRINGTHALL, N.A.
1971
« The adolescent as a psychologist : an application of Kohlberg
to a high school curriculum », *School Psychology Digest*,
166-175.

TURIEL, Eliott
1966
« An experimental test of the sequentiality of developmental stages in the child's moral judgment », *Journal of Personality, and social Psychology*, 3 : 611-618.

TURIEL, Eliott
1969
« Developmental processes in the child's moral thinking », dans P. Mussen, J. Langer et M. Covington, (dir.), *Trends and Issues in Developmental Psychology*, New York, Holt, Rinehart and Winston.

TURIEL, Eliott
1973
« Stage transition in moral development », dans R.M. Travers, (dir.), *Second Handbook of Research on Teaching*, Chicago, Rand McNally and Co. WRIGHT, Der.

WRIGHT, Derek
1971
Psychology of moral behaviour, Harmondsworth, (England), Penguin Books.

Documents

PRINCIPES OU POSTULATS D'UN ENSEIGNEMENT MORAL?

Guy-M. Bertrand

Guy-M. Bertrand, théologien intéressé à l'éducation morale, est membre du comité de rédaction des CRE. À la suite d'un échange avec des éducateurs sur la préparation de programmes de morale, il a écrit les réflexions qui suivent.

Lorsqu'il s'agit du schéma « information-formation » dans le domaine de l'éducation morale, je crois que nous devons bien dégager la portée de la démarche, si nous nous adressons aux jeunes.

D'une part, *au plan personnel,* notre situation d'adultes, ayant déjà choisi notre système de référence pour la conduite de notre vie, nous dispense habituellement de nous reposer la question des critères fondamentaux et des choix initiaux. Par ailleurs, en tant qu'éducateurs intéressés à l'enseignement moral, nous avons à nous poser des questions de propédeutique et de critériologie qui ne se posaient pas auparavant.

Lors de notre éducation primaire, et même « secondaire », les principes de base du choix moral étaient la plupart du temps passés sous silence et supposés acceptés. Ils vont devoir être justifiés maintenant, même aux niveaux secondaire et élémentaire, parce que nos jeunes ont un tout autre esprit que ceux de la génération précédente ; et ils sont en contact avec des adultes qui leur poseront de plus en plus, par leurs paroles et par leurs actes, les questions de base qui se trouvent à l'origine de toute conduite morale.

La situation de l'homme adulte agissant en société avec une option morale déjà établie diffère donc profondément de celle de l'adulte chargé d'un enseignement moral ou d'une éducation éthique.

Par exemple, si je suis un éducateur chrétien, je n'ai aucune hésitation à affirmer que je crois avoir plus de prise sur le réel humain, sur la vraie nature de l'homme, qu'un philosophe comme Kant ou Locke et cela précisément à cause de ma foi. J'accepte une dimension de l'homme qui me vient par révélation, donc ici j'admets un postulat, je ne m'en cache aucunement ; mais ce postulat est réfléchi, et il constitue finalement pour moi une certitude fondée sur des raisons suffisantes et solides. La condition humaine et la destinée humaine sont établies pour moi plus clairement si je tiens compte de la Bible et si j'en tiens compte comme croyant.

Mais cela, je ne peux l'imposer à personne, et je ne peux pas non plus supposer que mes étudiants sont obligés logiquement de le conclure avec moi, même s'ils ont été baptisés dès leur naissance... Je suis prêt à proposer ma certitude, à l'expliquer, à témoigner s'il y a lieu, si je me trouve en face d'auditeurs intéressés ; je reste cependant toujours dans la position de celui qui présente une interprétation personnelle, une hypothèse vérifiée pour lui, mais non pas nécessairement vérifiée pour l'autre.

Ma présentation de cette conviction doit respecter le cheminement de l'autre et sa liberté, admettre qu'il est en face d'une option. C'est évidemment ici que se situe le lieu de l'engagement ou du non-engagement, et c'est ce qui fait toute la noblesse et aussi toute la délicatesse de l'enseignement moral.

Alors qu'autrefois les principes d'action nous étaient transmis de façon dogmatique, nous savons bien qu'aujourd'hui nous devons les transmettre plutôt comme des hypothèses de travail, des pistes de réflexions qui ne peuvent mener à une certitude qu'après un examen personnel. Cela n'exclut aucunement la possibilité d'une conviction totale et d'un témoignage vivant chez l'éducateur. Mais en ce qui regarde l'éduqué, ou plutôt le « s'éduquant », nous sommes ici dans le mystère de l'engagement personnel, et c'est cela que la culture et la mentalité contemporaines nous obligent maintenant de respecter. L'obligation de la foi (donc de l'acceptation de tout un système), qui jaillit d'un baptême précoce, ne peut s'opposer à cette démarche essentielle.

Je pense que nous nous entendons bien là-dessus : ce qu'il nous faut constater aujourd'hui, c'est que l'éducation morale, même adressée à des très jeunes, devra toujours tenir compte de cette possibilité d'interrogation sur les principes fondamentaux qui inspirent nos orientations morales. Par exemple, si l'on se place dans la perspective de Kohlberg, notre enseignement moral doit respecter le niveau des élèves, mais il doit aussi les orienter vers les stades 5 et 6 et il ne peut surtout pas leur refuser cet accès.

Cela ne veut pas dire qu'il faut considérer l'élève de l'élémentaire comme un apprenti-philosophe et lui faire faire ses classes en logique, en métaphysique, ou en morale fondamentale. Mais il nous faut admettre ceci : alors qu'autrefois la question des principes et des critères ne se posait pas, même pour la plupart des adultes, elle va maintenant se poser de plus en plus même pour les jeunes. Ils vont interroger là-dessus tout professeur, tout éducateur qui voudra leur donner un enseignement sur les « valeurs », qu'il s'agisse de morale chrétienne ou non chrétienne.

C'est pour ces raisons que l'agent d'éducation morale, et encore plus celui qui prépare les programmes, doivent être prêts à répondre de leurs présupposés, de leurs pré-conceptions, à les justifier s'il y a lieu, ou en tout cas à en montrer le bien-fondé.

Nous pourrons de moins en moins présenter comme des données *a priori,* comme des vérités évidentes par elles-mêmes, nos notions fondamentales sur l'homme, sur sa rationalité, sur sa conception du bien et du mal, sa capacité de choisir, sa liberté, sa condition corporelle et spirituelle, sa situation et son rôle dans le cosmos, la direction de son évolution vers le progrès, sa relation avec Dieu, et enfin le sens de sa vie et de sa destinée. C'est précisément cela qui fait question aujourd'hui, en particulier pour les jeunes.

Nous ne pouvons donc éviter la tâche de reprendre souvent ces questions à la base, c'est-à-dire réellement « à zéro ». Nous devrons présenter nos principes fondamentaux comme vérifiables et non comme des affirmations allant de soi et devant être acceptées sans examen par l'élève. Les notions que nous jugeons nécessaires au départ de notre réflexion morale avec eux, nous devrons maintenant être prêts à les discuter avec eux, même s'ils sont censés avoir la foi.

La situation personnelle exposée par le cégépien que nous citerons ici, représente, à son niveau, celle de bien des jeunes. Son témoignage, écrit pour *Nouveau Dialogue,* contient une partie qui regarde l'élément religieux et les questions de foi ; nous pouvons en faire abstraction ici, bien qu'il s'agisse en somme du même problème. Mais ce qui est remarquable dans cet exposé lucide et congruent, c'est que la question des critères fondamentaux se pose aussi pour lui dans le domaine moral. À ce sujet, il écrit ces lignes un peu naïves mais caractéristiques de sa génération :

> Une autre chose en laquelle je ne crois pas est le libre arbitre, concept pourtant fermement ancré chez l'homme à travers son

histoire. Cependant, à mesure que la psychologie évoluait, les preuves contre ce concept s'accumulaient, depuis les révélations de Freud sur le subconscient jusqu'aux écoles modernes de psychologie, entre autres le behaviorisme. « Chaque acte ou pensée d'un individu est le résultat de trois choses : son patrimoine génétique, l'influence du milieu dans lequel il a été élevé, et la situation dans laquelle l'individu est plongé » (Frederick Burrhous Skinner). Cette doctrine, fortement combattue, sort directement du laboratoire et s'appuie sur plusieurs preuves expérimentales.

(...) Un autre point intéressant : l'immortalité de l'âme (ou de l'esprit), selon les définitions. Personnellement, je n'y crois pas. « Quand on meurt, c'est pour la vie »... Bien sûr, depuis que l'homme existe, on retrouve trace de croyance en une vie après la mort. Seulement ceci ne saurait constituer une preuve. Pendant presque aussi longtemps, on a cru que la terre était plate et que le soleil tournait autour. (...)

À la question : « Ai-je la foi ? » Je répondrai ceci : si la **Foi** est une croyance ferme et dogmatique de ce qu'enseigne la religion chrétienne, je réponds : non, je n'ai pas la **Foi**. Je ne crois qu'en une chose : Dieu existe. Pour le reste, je préfère tout mettre en doute et chercher par moi-même. Aussi dérisoire que cela puisse paraître, je pense que c'est la seule démarche qui me convienne actuellement.

Nouveau Dialogue (S.I.F.)
No 12 (avril 1975), p. 14.

Les professeurs de morale, les rédacteurs de programmes moraux et ceux qui font des écrits sur les « valeurs » sont souvent peu conscients de cette exigence, et peu préparés à y répondre. Malgré leurs désirs d'objectivité et d'impartialité, ils demeurent parfois très subjectifs ; ils n'identifient pas leurs présupposés et présentent comme des certitudes indiscutables des affirmations qui ne sont en somme que des hypothèses ou des postulats : on se sent libre de les accepter ou de les rejeter parce qu'ils sont indémontrables, ou du moins indémontrés. Il y a finalement toujours un acte de foi à faire, que cette foi soit religieuse ou non religieuse.

Ceux qui ont préparé des programmes moraux pour les systèmes publics ou privés d'éducation chez nous n'évitent pas toujours cet écueil : ou ils se font illusion sur la certitude de leurs principes fondamentaux, ou ils se font illusion sur la facilité avec laquelle ces principes doivent être acceptés par les jeunes à qui s'adressent ces programmes.

Plusieurs éthiciens modernes (professionnels ou amateurs...) ont la même naïveté : alors qu'ils contestent très facilement toutes affirmations de ce genre provenant des autres, ils les prononcent eux-mêmes avec un aveuglement et un dogmatisme qui surprend. On se demande s'ils sont conscients de la partialité de leurs positions, et s'ils voient la poutre dans leur œil, alors qu'ils dénoncent la paille dans l'œil de leurs collègues. Cela est bien conforme à l'histoire de la philosophie morale des derniers siècles : alors que des philosophes comme Socrate et Platon faisaient preuve en ce domaine d'une modestie et d'un souci d'objectivité admirables, des modernes comme Kant ou Monod prétendent dicter la condition humaine et ont aussi leur dogmatisme.

Bien entendu, nous *croyons* que l'homme a des traits fondamentaux, une nature précise, une essence définissable. Nous croyons aussi que nous avons défini *pour nous* ce que sont cette nature et ces traits fondamentaux ; et c'est d'après cette conception, parfois soigneusement vérifiée et reprise, que nous voulons orienter nos vies personnelles. Mais lorsque nous passons à notre tâche d'éducateurs, les choses se présentent autrement : nous devons être prêts à expliquer nos présupposés, à attendre le cheminement de celui qui veut comprendre, et aussi à accepter l'incompréhension ou le refus en face de principes qui nous semblent nécessaires ou évidents. Cela ne veut pas dire verser dans un scepticisme universel ou éternel. Cela veut dire éduquer. Les jeunes sont capables de se retrouver dans cette voie. Ils la préfèrent et souvent ils l'exigent.

Si l'on y réfléchit bien, c'est justement sur cela d'abord que porte la nouvelle éducation morale : accepter, et même favoriser que les élèves s'intéressent aussi aux fondements, à la conception de l'homme que nous leur proposons, et qu'ils puissent en discuter avec nous. Cette étape pourra être négligée par plusieurs, elle est quand même fondamentale. Le fait d'y parvenir, à la suite des exigences tâtonnantes puis plus clairvoyantes d'une classe, devrait représenter un succès encourageant pour l'agent d'éducation morale.

Bien sûr, cette démarche ne sera pas toujours nécessaire. Dans l'enseignement aux élèves comme dans la rédaction des programmes, elle pourra parfois être seulement mentionnée comme une phase possible, non indispensable pour ceux qui s'entendent au départ sur des principes de sens commun ou de foi. Cependant, le fait que les étudiants ou les professeurs ne posent pas d'abord les questions fondamentales ne veut pas dire qu'ils ne les poseront jamais. Tôt ou tard ils devront bien y revenir s'ils veulent aller au bout des choses. Il est clair, par exemple, que si des jeunes s'élèvent au-dessus de la « morale conventionnelle » pour parvenir aux derniers stades décrits par Kohlberg, ils le font en remettant les principes en cause. Le fait d'avoir admis le caractère hypothétique, postulatoire, de certaines notions de base utilisées dès le début, apportera un grand avantage pour l'agent d'éducation morale : on ne pourra l'accuser de malhonnêteté, d'aveuglement, ou de dogmatisme. On reconnaîtra d'une part sa lucidité et son honnêteté, et l'on saura d'autre part qu'on peut avoir recours à lui si l'on décide un jour d'approfondir les aspects qui sont en somme les plus importants, en vue de se faire une conviction personnelle.

Ainsi nous voici finalement contraints à définir clairement nos positions, à les justifier, et aussi à les reconnaître pour ce qu'elles sont : des choix personnels issus d'une réflexion personnelle et menant à un engagement personnel. Une époque qui oblige l'éducateur à s'identifier de cette façon devant ses élèves n'est peut-être pas la pire des époques.

PERTINENCE D'UN PROGRAMME DE SCIENCES MORALES DANS LES ÉCOLES DU QUÉBEC

Anita Caron

Anita Caron est directrice par intérim au Module de l'Enfance inadaptée à l'UQAM et présidente de l'Association québécoise des Professeurs de religion (AQPR). Les liens riches et divers qu'elle entretient avec le milieu scolaire québécois l'ont amenée à se consacrer plus spécialement aux questions d'enseignement moral et religieux à tous les niveaux.

Les règlements adoptés en 1966 par le Comité Catholique du Conseil Supérieur de l'Éducation établissent qu'un élève exempté de l'enseignement religieux confessionnel doit recevoir un enseignement de sciences morales répondant aux objectifs de formation de la personne déterminés par les programmes des écoles élémentaires et secondaires du Québec. Les règlements édictés à l'été 1974 par le même organisme n'introduisent qu'une modification mineure en regard de cette éventualité : l'opportunité pour des élèves de secondaire III – IV ou V d'opter pour un cours de sciences morales parmi un ensemble de sujets que l'école doit leur proposer.

Cette politique définie par le Comité Catholique a posé un certain nombre de problèmes au plan de l'application tout autant qu'à celui de l'idéologie qui préside à un tel programme. Parmi les interrogations le plus fréquemment formulées on peut retenir les deux questions suivantes qui indiquent dans quel sens s'orientent les préoccupations de bon nombre de parents et d'éducateurs scolaires :

1. que faut-il entendre par formation morale ?
2. convient-il de présenter de façon parallèle sciences morales et siences religieuses ?

1. Que faut-il entendre par formation morale ?

« L'éducation morale, précise le programme du Ministère de l'Éducation, consiste essentiellement à amener quelqu'un à tenir compte du plus grand nombre de facteurs possibles dans son jugement et dans son action » [1]. Une telle définition est évidemment aux antipodes de la conviction la plus fréquemment admise chez bon nombre de personnes, qu'éduquer moralement, c'est favoriser et développer « une certaine forme de comportements et de jugements issus de la tradition, de l'expérience et du contexte social » [2].

Tablant sur le fait « que nous ne pourrons plus jamais nous appuyer sur un ensemble stable et permanent de principes, de valeurs et de comportements » le programme de sciences morales offert dans les classes du secondaire veut faire prendre conscience que nous sommes entrés dans une ère caractérisée par la possibilité de l'homme et des sociétés de se remettre perpétuellement en question et de « se forger une capacité de décision et d'action qui permette de déterminer ce qui sera retenu comme objectifs valables pour une meilleure qualité et une plus grande justesse dans les relations de l'homme et de la société » [3].

Une telle formation est-elle possible ? À quelles conditions peut-on y parvenir ? Quelques penseurs et éducateurs se sont penchés sur ces questions et ont tenté d'y répondre. Lawrence Kohlberg pour sa part, a identifié six stades dans le développement du jugement moral chez une personne. Jean-Marc Samson, professeur à l'UQAM, s'est largement inspiré de cette grille dans l'élaboration d'une recherche qu'il poursuit présentement sur l'éducation morale des adolescents québécois.

Une réflexion sur ce qui caractérise chacun de ces stades et ce qui favorise le passage de l'un à l'autre peut certainement être éclairante dans la recherche du type de formation qui habilite une personne à s'autodéterminer elle-même pour devenir en pleine possession de ses moyens et être en mesure d'accomplir le meilleur de ce qu'elle est capable de faire. C'est ce que Maslow désigne comme étant l'actualisation de soi et qui est à la fois un signe de santé mentale et la manifestation d'une adaptation réelle à un milieu et à une époque.

Pareilles perspectives ne ressemblent guère au type de formation souhaité et mis en application par bon nombre de parents et d'éducateurs scolaires pour qui le développement moral est encore le procédé suivant lequel un individu doit apprendre à faire ce qui est habituel et acceptable d'après les standards établis par une collectivité. Si l'objectif visé par le programme de sciences morales est de rendre une personne apte à se connaître, à se construire, à s'unifier et à « être capable de relations vraies avec la création et avec la réalité sociale, politique et économique » [4], éduquer moralement ne peut certes consister à se conformer à un modèle établi mais bien plutôt à s'autodéterminer en tant que personne confrontée avec « une pluralité de systèmes axiologiques, parfois aussi hétérogènes que contradictoires » [5].

Dans l'étude qu'il a menée auprès de 75 adolescents de 10 à 16 ans qu'il a suivis pendant 12 ans, soit jusqu'à l'âge de 22 à 28 ans, de façon à déterminer selon quel processus s'opérait leur développement moral, Kohlberg a pu déceler que dans toutes les cultures se retrouvent les mêmes orientations morales et que celles-ci se développent selon le même cheminement [6].

Les tests administrés par Kohlberg consistaient à recueillir diverses solutions à d'hypothétiques dilemmes délibérément philosophiques et faisant appel à vingt-huit concepts moraux ou valeurs susceptibles de se retrouver dans différentes cultures. Les adolescents appartenaient à des entités nationales différentes. Les bases institutionnelles de ces sociétés étaient cependant les mêmes, soit la famille, l'économie, les classes sociales, la loi, le gouvernement.

S'inspirant des travaux de Dewey, de Mead, de Baldwin, de Piaget, Kohlberg postulait que les stades de développement moral correspondaient habituellement à des transformations de la structure cognitive et que ces stades représentaient des modes successifs selon lesquels s'exerçaient, en fonction des situations particulières, des rôles et des relations spécifiques.

La théorie que Kohlberg a développée à partir de ces postulats et de son expérimentation met précisément en évidence comment la maturité du jugement moral, tout en étant distincte de la maturité cognitive, demeure en étroite relation avec celle-ci. Cette maturation ne saurait pour autant être favorisée par la seule présentation d'un système de valeurs. Elle requiert une stimulation qui favorise la restructuration de l'expérience en fonction des circonstances particulières selon lesquelles une personne est appelée à réfléchir et à agir.

Les résultats obtenus par Kohlberg démontrent en effet que parmi les adolescents d'un même âge, la corrélation entre quotient intellectuel et maturité morale varie habituellement de .35 à .50. Règle générale, les adolescents plus âgés sont plus matures dans leur jugement moral. Ils sont aussi plus matures au plan du discernement. Les enfants moralement avancés sont habituellement brillants. Tous les enfants brillants ne sont pas pour autant moralement avancés.

Les enfants limités au plan intellectuel sont par ailleurs, de façon générale, moralement retardés.

Les structures cognitives ont donc un rôle irremplaçable dans le développement moral d'une personne. Le jugement moral ne saurait par ailleurs être la seule application de l'intelligence à un certain nombre de situations morales. Ainsi un enfant privé de toute stimulation sociale et morale jusqu'à l'adolescence pourra peut-être arriver pendant l'adolescence, à développer sa pensée opérationnelle logique. Mais pour accéder aux principes moraux, il devra nécessairement passer par les différents stades de jugement moral.

Ces stades, au dire de Kohlberg, sont au nombre de six et comportent trois niveaux distincts : un premier niveau pré-conventionnel ; un second conventionnel, un troisième post-conventionnel. Au niveau pré-conventionnel, l'enfant réagit aux règles de « bon » et de « mauvais ». Une action est bonne si elle procure une récompense ou permet d'éviter une punition. Elle est bonne également si elle satisfait des besoins personnels clairement ressentis. Tels sont les deux premiers stades identifiés par Kohlberg : le premier comme étant celui de la punition ou de l'obéissance simple ; le second, celui de l'hédonisme. À ce stade, les relations humaines s'organisent comme des relations commerciales où même la gratitude s'avère être celle du donné-donnant.

Au niveau conventionnel, une personne perçoit qu'une action est valable dans la mesure où celle-ci correspond aux exigences d'un groupe. L'action est considérée comme bonne si elle est conforme aux modèles qui sont le plus fréquemment véhiculés dans une société. Elle est également considérée comme bonne si elle est dans le sens du respect de l'autorité et du maintien de l'ordre social. Ce sont les troisième et quatrième stades de développement du jugement moral, à savoir : celui de l'approbation des autres et celui du maintien de l'ordre.

Au niveau post-conventionnel, le cinquième stade apparaît défini en termes de droits individuels et de règles admises par l'ensemble d'une société ; le sixième se présente alors comme la décision d'une conscience individuelle qui applique à une situation concrète un système de principes éthiques qu'elle a elle-même choisi en fonction de sa pertinence, de sa cohérence, de sa globalité et de son universalité.

Toute la formation morale consiste donc à créer les conditions qui vont permettre à un individu d'accéder à ce sixième stade où s'exercent véritablement l'autonomie et la responsabilité personnelles. Les expériences par lesquelles une personne passe d'un stade à l'autre ne relèvent pas, insiste Kohlberg, de la présentation d'une doctrine. Elles se présentent sous forme de situations conflictuelles à résoudre. Le rôle de l'éducateur est alors d'aider les personnes avec qui il travaille à clarifier les motifs pour lesquels elles adoptent telle solution plutôt que telle autre.

Une expérience menée conjointement par Kohberg et par Blatt auprès d'enfants de 10 à 12 ans a permis de constater qu'après quatre mois d'un programme consistant en une discussion hebdomadaire autour de dilemmes moraux hypothétiques, 60% des élèves d'une classe sont passés à un ou deux stades supérieurs de maturité du jugement moral. Au début de l'expérience, les élèves de ce groupe se situaient aux stades 2, 3 ou 4.

Pareille expérience est significative et peut être éclairante pour préciser le type d'éducation morale qui peut être assumé par l'école. Il s'agit, nous le croyons, non pas de proposer un modèle de comportement, mais plutôt de faire appel à l'intelligence, à la liberté, à la responsabilité du jeune pour l'amener à déterminer quels seront les motifs qui vont orienter l'attitude qu'il adoptera dans telle situation particulière, hypothétique ou réelle.

C'est en mettant l'accent sur le développement du jugement moral et sur l'apprentissage de choix réfléchis et libres qu'on y parviendra. Ausssi faut-il souhaiter que les programmes de sciences morales offerts aux élèves de l'élémentaire et du secondaire s'orientent vers la suggestion d'activités favorisant le développement du jugement moral de l'enfant et de l'adolescent. Il s'agit, ainsi que le propose Augustin Berset, « par un dialogue d'aide qui respecte (la) vraie liberté », de favoriser chez les jeunes « une meilleure connaissance d'eux-mêmes » et de les amener, par cette prise de conscience de leur moi profond à parvenir « à l'état adulte authentique ».

> C'est au niveau de la délibération précédant l'action que se situe l'aide de l'adulte : par le dialogue, le jeune sera amené à mieux examiner les motifs et à peser le pour et le contre d'une décision engagée [7].

Tel doit être, me semble-t-il, le sens d'un programme de sciences morales à l'école. Un enseignement de ce type est-il appelé à remplacer l'enseignement religieux au programme ? Ou devrait-il accompagner et soutenir cet enseignement ? La situation qui prévaut actuellement veut qu'un enseignement moral soit d'abord offert aux élèves de l'élémentaire et de secondaire I et II qui sont exemptés de l'enseignement religieux confessionnel. La nouvelle formulation des règlements du comité catholique prévoit également que l'enseignement des sciences morales puisse, pour les élèves de secondaire

III, IV et V, constituer une option qui leur soit offerte parallèlement à l'enseignement religieux confessionnel et à celui de la culture religieuse.

2. Convient-il de présenter de façon parallèle sciences morales et sciences religieuses ?

Est-il opportun d'offrir parallèlement à l'enseignement religieux catholique et à la culture religieuse, un cours de sciences morales ? Le tome 2 de *Voies et impasses* publié récemment par le Comité catholique du Conseil supérieur de l'éducation propose que, pour des motifs d'ordre pratique et en raison des expériences vécues par un certain nombre d'éducateurs, l'on doit inclure dans l'éventail des choix offerts aux étudiants de secondaire III, IV et V un cours de sciences morales.

Les raisons évoquées en ce sens sont les suivantes :

1. Là où fut offert aux étudiants le choix entre trois cours d'enseignement religieux catholique, de culture religieuse et de sciences morales, le premier résultat évident fut une sorte de « libération » du climat entourant le cours d'enseignement religieux.

2. Lorsqu'on limite l'option aux deux cours d'enseignement religieux,... le choix est alors plus restreint, même s'il demeure toujours possible d'offrir, à l'intérieur de chacun des programmes, une variété de cours susceptibles de répondre à des attentes diverses [8].

Les auteurs reconnaissent cependant que cette attitude pose un certain nombre de problèmes dont, au plan théorique, celui des relations entre morale et religion et au plan pratique, celui des rapports entre éducation morale et éducation religieuse. Référant à des parutions récentes sur le sujet [9], les auteurs signalent deux courants d'opinions dont ils s'inspirent.

Pour les uns, la morale constitue un domaine autonome et distinct par rapport à la religion : L'homme fait des choix indépendamment de toute croyance religieuse et il est possible de constituer une base morale à partir de l'expérience et de la raison humaine (...)

Pour les autres, la religion et la morale sont deux dimensions étroitement reliées, car toutes deux concernent la recherche d'un sens à l'existence et conduisent à un prononcé sur le bien et le mal. [10]

Il se dégage de ces réflexions « qu'il ne faut ni séparer ni confondre l'éducation morale et l'éducation religieuse » [11]. S'il importe, précisent les auteurs, de distinguer les deux types d'apprentissage, il faut également tenir compte de leurs points de convergence.

D'un côté, il faut admettre qu'il y a place pour un enseignement moral distinct du cours de religion. Une forme d'éducation morale est en effet possible en dehors des perspectives religieuses : il n'est pas nécessaire d'être croyant pour devenir un honnête citoyen, responsable, engagé au service des autres et respectueux des valeurs humaines fondamentales. D'un autre côté, l'enseignement religieux et l'enseignement moral doivent reconnaître leurs convergences au plan éducatif. Loin de s'opposer ou s'exclure, ces deux enseignements devraient se compléter et s'appuyer l'un l'autre dans un même effort pour aider les jeunes à donner sens et motivation à leur vie. [12]

L'on ne peut qu'être d'accord avec cette position nuancée qui veut respecter la pluralité des options et tenir compte de certaines pratiques du milieu. Dans la perspective d'une démarche qui vise avant tout « à soutenir et (à) intensifier la recherche de sens des adolescents », le régime des options apparaît cependant une voie qui établit des cloisonnements pour le moins artificiels. Les stades de développement du jugement moral identifiés par Kohlberg inviteraient plutôt à croire que la référence à un discours confessionnel déterminé n'est qu'un des éléments qui influence dans un sens donné la conduite d'un individu. Kohlberg note même que le fait d'appartenir à une religion ou de n'en pratiquer aucune ne modifie en rien la structure de ces stades [13]. Le cheminement décrit par Kohlberg invite par ailleurs à croire que ce n'est qu'au sixième stade qu'interviendrait la référence explicite à un système axiologique nettement identifié et choisi en raison de sa cohérence.

Peut-on, à partir de ces observations et de ces réflexions, entrevoir la possibilité d'un programme de formation de la personne qui intégrerait la dimension morale et la dimension religieuse et permettrait à chacun d'évoluer selon son propre rythme à partir de ses expériences propres et des questions qui, plus ou moins directement, l'interpellent. L'opposition entre morale et religion s'estompe au moment où l'on met l'accent sur le cheminement des personnes plutôt que sur la présentation de systèmes. Le rôle de l'éducateur n'est plus alors de promouvoir une doctrine religieuse ou un système de valeurs donné, mais de proposer une démarche qui favorise véritablement la maturation d'une personne et lui permette de se situer elle-même en regard de différentes idéologies et de ce qui constitue son héritage culturel et religieux.

La transformation de l'univers axiologique, la multiplication des démarches intellectuelles à propos du religieux, les perspectives

Anita Caron 71

actuelles de l'éducation scolaire invitent, il me semble, à adopter une démarche qui permette à un enfant ou à un adolescent d'apprendre, à travers la diversité de ses expériences, « à s'exprimer, à communiquer, à interroger le monde et à devenir toujours davantage lui-même » [14]. Les réflexions que propose James T. Dillon en regard de son expérience comme enseignant du secondaire sont particulièrement suggestives en ce sens.

« L'Éducation religieuse, propose-t-il en s'inspirant de Fletcher, ne peut se couper de ce qui est le propos central de l'éducation : « Deviens ce que tu es ». [15] L'éducation religieuse, insiste-t-il, doit en effet « viser à faire croître un jeune en amour et en intelligence de lui-même et des autres » [16]. Ce but, explicite-t-il, « ne diffère en rien de celui que se propose l'éducation en général » [17].

Dans cette perspective, un programme d'enseignement religieux devrait comporter, selon Dillon, une étude de l'homme, de la condition humaine, de la croissance, des relations interpersonnelles, des besoins du monde, des problèmes de vie. Un enseignant de la religion devrait, insiste-t-il, centrer son enseignement sur les élèves plutôt que sur les doctrines de façon à ce que ceux-ci deviennent ainsi capables de mieux choisir leurs croyances religieuses et de mieux répondre au monde, en faisant face avec plus de confiance à une éventuelle « crise de la foi » ou en vivant de façon plus satisfaisante le moment où, selon le mot de Jung, ils seront transformés en hommes spirituels [18].

C'est donc moins des voies parallèles d'enseignement religieux et d'enseignement moral qu'il importe d'établir qu'une démarche favorisant la maturation de la personne et lui permettant de déterminer les normes éthiques et religieuses qui vont guider ses choix et inspirer sa conduite. « La liberté de l'élève est souveraine », rappelle James T. Dillon. Et notre espoir, insiste-t-il, est que, grâce à cette liberté, il « trouvera en lui la force de répondre aux besoins de l'humanité (et) qu'il saura promouvoir la paix, la justice et l'amour des autres autour de lui » [19].

Une telle orientation ne veut aucunement laisser supposer qu'il ne soit pas nécessaire d'assurer aux élèves de l'élémentaire et du secondaire des informations pertinentes sur l'éthique ou la religion. Elle laisse tout simplement entendre que ces informations, d'une part, doivent être souhaitées des éduqués et d'autre part, que les données appartenant à l'un ou l'autre de ces champs ne sauraient être réservées à un groupe particulier en raison d'une option spécifique mais constituer des sources différentes auxquelles les uns et les autres peuvent puiser en raison de leurs aspirations et de leurs besoins spécifiques.

Ce qui importe, c'est de mettre l'accent sur le cheminement individuel des enfants et des adolescents, en leur proposant des démarches qui tiennent compte de leur expérience vitale et leur permettent, à travers un ensemble d'activités conçues en ce sens, de prendre conscience d'eux-mêmes et des autres et d'en arriver par là à se réaliser eux-mêmes. Les stades de jugement moral identifiés par Kohlberg apparaissent en ce sens un instrument non seulement utile mais indispensable. Ils constituent en effet une grille à laquelle on peut se référer pour la préparation d'outils pédagogiques et l'élaboration de critères d'évaluation.

C'est en autant que l'homme, intégré dans son contexte, réfléchit sur celui-ci et s'engage qu'il se construit lui-même et devient ainsi « sujet ». Cela suppose une éducation basée essentiellement sur le dialogue qui, de façon privilégiée, a la possibilité de provoquer le pouvoir créateur de l'éducateur tout autant que celui de l'éduqué. Un certain nombre d'éducateurs en ont pris conscience. Augustin Berset en fait le centre de la théorie qu'il développe sur l'orientation morale des adolescents :

> La manière de vivre et d'évaluer les adolescents dépend pour une très grande part de la qualité de l'attitude des adultes à leur égard. Ceux-ci, par un dialogue d'aide qui respecte leur vraie liberté favorisent chez les jeunes une meilleure connaissance d'eux-mêmes, et cette prise de conscience du moi profond est pour eux le chemin d'accès par excellence à l'état adulte authentique [20].

Il faut donc souhaiter que le plus tôt possible soit mise en œuvre la pédagogie de cheminement dont il est question dans *Voies et impasses*. Une telle pédagogie, qui veut tenir compte de la motivation, de l'intérêt et du rythme des étudiants indique dans quel sens on devrait concevoir l'éducation morale des enfants et des adolescents et permet d'entrevoir comment peut se faire la jonction entre éducation morale et éducation religieuse, ceci en évitant à la fois d'opposer ou de confondre l'une et l'autre.

Notes

1. Cf. Programme de *Sciences morales* pour les écoles secondaires du Québec. Publié par le Ministère de l'Éducation du Québec, septembre 1970, p. 4.
2. *Ibid.*
3. *Ibid.*
4. *Ibid.*

5. Michel Campbell, *Religiologie, Sciences Religieuses et Praxéologie pastorale*, texte polycopié, p. 79.

6. Cf. Lawrence Kohlberg, *Stages of Moral Development as a Basis for Moral Education*, p. 24-91.

7. Augustin Berset, *Pour une orientation morale non directive des grands adolescents*, Le Centurion, Paris, 1974, p. 9, 15.

8. *Voies et impasses*, 2, « L'enseignement religieux », par. 162.

9. Cf. plus précisément R.F. Atkinson, *Conduct : an Introduction to Moral Philosophy*, N.Y., MacMillan, 1969 ; A.W. Kay, *Moral Development*, N.Y., Schocken Press, 1968 ; A. Greeley, *Unsecular Man*, N.Y., Schocken Press, pp. 200-212 ; *The Fourth R* (Durham Report on Religious Education), London, National Society, SPCK, 1970, pp. 74-98 ; Social Morality Council, Moral and Religious Education in Country Schools, Londres, 1970.

10. *Voies et impasses*, 2, par. 169.

11. *Ibid.*, par. 170.

12. *Ibid.*, par. 171.

13. Cf. *supra*.

14. Rapport de la Commission internationale sur le développement de l'éducation *Apprendre à être*, Unesco-Fayard, 1972, p. 163.

15. James T. Dillon, *Eux et moi, le risque d'enseigner*, Éducation et Société, 7, Fleurus, p. 30.

16. *Ibid.*

17. *Ibid.*

18. Cf. Dillon, *op. cit.*, p. 29.

19. Dillon, *op. cit.*, p. 30.

20. Augustin Berset, *op. cit.*, p. 9.

Un programme de sciences morales

FORMATION MORALE
UN PARALLÉLISME INTÉGRÉ

André Bédard

*André Bédard est professeur à la Faculté
de Théologie de l'Université de Sherbrooke.
Depuis quelques années, son enseignement et
ses recherches sont plus particulièrement orien-
tés vers l'enseignement religieux et le domaine
éthique. Il a des enfants à l'école et participe
au comité de parents.*

À partir des documents du Comité catholique, nous essaierons de
préciser les caractères de la formation morale à l'école élémentaire et
secondaire. Cela permettra d'établir quelques données de fait. Plus
qu'un cadre obligatoire, le Comité propose des options pédagogiques.
Justifiant l'enseignement religieux à l'école, il permet de préciser les
éléments d'un programme de formation morale qui lui soit parallèle ;
il indique en même temps leur coordination possible grâce à une
intégration vraie au projet pédagogique.

1. Les options du Comité catholique

1.1 L'existence concrète et les caractères de la formation morale reposent sur le projet pédagogique. Selon le Comité
catholique, en effet, tout élément de l'école doit être inséré
dans un projet pédagogique. Ce projet représente un ensemble organique d'éléments destinés à former ce « milieu vital »
capable de satisfaire le droit de l'enfant à un plein développement sur les plans physique, intellectuel, affectif, social,
moral et religieux. L'enseignement religieux est lui-même
soumis à cette exigence et justifié par elle. C'est-à-dire,
finalement, par l'enfant dont on doit satisfaire l'ensemble
des besoins, grâce à des moyens adaptés aussi à son stade
de croissance.

1.2 Parmi les droits de l'enfant, le Comité catholique note celui de se développer pleinement sur le plan moral et religieux. En indiquant dans le règlement la possibilité pour l'élève d'être exempté de l'enseignement religieux (articles 13 et 14), en obligeant à prévoir pour les exemptés des activités (« dans l'ordre de la formation morale ou de la connaissance du phénomène religieux » (article 16), le Comité indique nettement que l'on peut envisager une formation morale en elle-même. Ce qu'il confirme, d'ailleurs, par l'obligation d'instaurer un programme d'« enseignement moral » à partir de la troisième année du secondaire (article 12).

1.3 Nulle part, pourtant, le Comité catholique n'identifie claire-ment ce qu'il entend par « formation morale » ou « ensei-gnement moral ». Il donne l'impression que la clarification de ce point, et l'établissement d'un tel programme, ne relèvent pas de ses intentions, bien qu'il le suggère et en demeure actuellement « juge ». Ce qui a donné lieu à la demande de l'association québécoise des conseillers péda-gogiques en enseignement moral et religieux (AQCPEMR), à l'effet d'obtenir la présence d'un tel conseiller au sein de la Commission scolaire.

1.4 Sans identifier la « formation morale », le Comité catholique lui pose pourtant une limite « négative ». Dans une école « confessionnelle », la formation morale doit s'insérer dans le cadre d'une « participation active des étudiants et des membres des personnels enseignants et non enseignants À LA RÉALISATION D'UN PROJET ÉDUCATIF EN HARMONIE AVEC LA CONCEPTION CHRÉTIENNE DE L'HOMME » (article 23). Le projet éducatif de l'école confessionnelle vise à répondre aux besoins de l'enfant dans le cadre d'une conception chrétienne de l'homme. Malgré la difficulté d'identifier clairement une telle conception, l'on doit dire, au minimum, que la formation morale laissera l'enfant ouvert à la possibilité d'une existence réelle d'un Dieu créateur, et d'une existence polarisée par l'apparition du Christ dans l'histoire.

1.5 Somme toute, le Comité catholique affirme clairement qu'il existe un « point de vue » moral qui n'est pas un « point de vue » religieux. Il n'a pas clarifié suffisamment, tout en l'indiquant semble-t-il, que tout « bien » ou toute valeur morale n'est pas nécessairement « sacré » ou valeur reli-gieuse. L'expression « conception chrétienne » laisse des doutes concernant le fait que l'on peut réaliser une formation morale sans nier la dimension proprement religieuse, mais sans l'y assimiler et sans s'y référer comme critère ; à la considérer comme « critère négatif », elle n'en nie pas la possibilité dans l'école actuelle.

1.6 De plus, dans la formation morale, le Comité exige une intervention des parents signifiant par écrit leur désir d'une formation morale (article 14). Le droit de l'enfant inclut celui des parents qui veulent une telle école ; cette exigence que l'on n'a pas pour la catéchèse, suppose-t-elle qu'il s'agit d'une certaine anomalie chez qui veut l'enfant dans l'école « confessionnelle » ? Conformément au règlement, le droit de l'enfant est tempéré par celui des parents et coordonné par lui, selon une autonomie progressive accordée à l'enfant (comparer l'article 14 à l'article 13). Une lacune semble s'être glissée ou, en tout cas, une difficulté, puisque l'on semble poser les mêmes exigences à tous les niveaux de l'élémentaire et du secondaire : si, à partir de secondaire 3, il ne s'agit pas d'une exemption mais du choix d'un programme régulièrement offert, les exigences auraient pu être différentes.

2. Exemption et programme

Ce qui amène ma première remarque. Même si le mot « exemption » laisse croire à une certaine anomalie, il est difficile de voir comment l'on peut permettre une exemption sans offrir aux élèves et aux parents une alternative claire. Une telle alternative pourrait exister, aux termes du règlement, à partir de secondaire 3 : il est alors question d'un « programme ». À tous les autres niveaux, il n'est question que d'activités à offrir, sans plus. Ceci empêche de poser un choix réel, même en faveur de l'enseignement religieux, et d'organiser des activités valables suivant une démarche cohérente et progressive. On laisse ainsi subsister une ambiguïté : si l'on offre des activités il s'agira bien d'un certain « programme », même si le mot n'existe pas, et l'on se demandera toujours jusqu'à quel point ces « activités » doivent être approuvées par l'école, les Commissions scolaires, le Ministère... Cela empêche aussi, finalement, les parents qui le désireraient en fait de demander l'exemption : ils ne savent pas ce que l'enfant sorti du groupe fera de ces 100 ou 120 minutes par semaine (article 9) ; ils désireraient que l'enfant reçoive une formation morale non catéchétique, mais non condamner l'enfant à faire n'importe quoi ou rien durant deux heures par semaine. Il me semble qu'il est possible de sauvegarder le fait qu'il s'agit d'une exemption seulement, même si l'on prévoit un programme d'activités pour les exemptés.

3. La formation morale

3.1 Il paraît nécessaire aussi de clarifier davantage la notion de formation morale si l'on veut justifier une option concernant la démarche, le contenu, la situation dans le projet pédagogique d'un tel programme de formation morale.

3.2 Précisons d'abord, même si cela paraît évident, qu'un enseignement moral représente l'ensemble des contenus et des activités destinés à permettre la formation morale de l'enfant, à répondre à son besoin d'épanouissement sur le plan moral.

3.3. Qu'est donc ce plan moral ?

3.31 Il s'agit d'abord de la possibilité de prendre une décision, et qui soit « responsable » proportionnellement au niveau de croissance. De ce point de vue, la formation morale s'associe à la formation à la liberté, à la marche progressive d'un individu vers la possibilité toujours plus grande de donner à sa vie le visage qu'il désire. Il s'agit d'une croissance et d'étapes vers une possibilité réelle de prendre des décisions. Il s'agit de rendre quelqu'un capable d'assumer pleinement sa part réelle de responsabilités dans les prises de décision, les actions posées et les conséquences qui s'ensuivent.

3.32 De telles décisions seront toujours relatives à un certain nombre de critères. C'est d'ailleurs à partir de ces critères utilisés par l'individu que Kohlberg entre autres a indiqué six niveaux ou stades du jugement moral, distinguant, par exemple, le besoin d'être récompensé, d'agir en « gentil garçon », de choisir comme le groupe ou d'après des valeurs identifiées et critiquées... En ce sens, la formation morale inclut des activités qui permettent d'identifier les critères utilisés et d'habiliter à un « jugement moral ».

3.33 Chez une personne adulte, le jugement moral se référera à un système de valeurs connu et assumé toujours mieux. La possession et la proposition de valeurs n'est pas le tout de la formation morale. Elle y est pourtant essentielle puisque l'individu, dans sa croissance, est progressivement mis en face de situations extérieures et intérieures (nouveaux besoins, pulsions, désirs, etc.) qui l'obligent

Un parallélisme intégré

continuellement à choisir et à s'établir ainsi un système de valeurs (au moins « vécu » dans son agir, sinon clairement identifié). Les éléments du jugement moral, incluant son système de valeurs (conscient ou non), évoluent ainsi au rythme de l'individu et se proportionnent à la qualité comme à la quantité de son vécu, de son expérience.

4. Un programme de formation morale

4.1 C'est à partir d'une telle conception de la formation morale que pourrait s'élaborer un programme.

4.2 Par programme, il faut entendre ici une structuration cohérente des activités pédagogiques qui correspondraient aux exemptions déjà prévues des élèves de secondaire 1 et 2, et se continueraient dans le « programme » à proposer depuis le secondaire 3.

4.3 Dans l'état actuel de la législation, rien n'empêche un étudiant de passer à l'enseignement religieux ou à la formation morale à n'importe quel moment. Rien, non plus, n'empêche un éventuel va-et-vient. Il faut tenir compte de ce fait dans les programmes.

4.4 L'objectif d'un tel programme est celui d'habiliter à poser un jugement moral valable. « Valable » signifie ici conforme à ce que représente essentiellement un « jugement moral », et conforme au type de jugement moral possible à un stade donné de l'évolution de l'enfant.

4.5 S'inspirant du projet pédagogique global et situé en lui, le programme habilitera au jugement moral dans le cadre des raélités propres à un niveau donné du développement. Il essaiera de répondre à la croissance de l'enfant et de le conduire à des options « morales » au sein des réalités nouvelles qui s'offrent à ses besoins. Par exemple, l'émerveillement devant la nature au début de l'élémentaire, le partage et l'amitié, la sexualité, la souffrance...

5. Un parallélisme intégré

5.1 Ce monde de valeurs, de réalités adaptées aux divers âges, le programme actuel de catéchèse a tenté de s'y adapter. C'est pourquoi j'ai voulu utiliser l'expression « parallélisme intégré », en vue de situer et d'identifier un programme de formation morale par rapport à l'enseignement religieux.

André Bédard   79

5.2   Il s'agirait d'abord d'un *parallélisme réel et total*. La formation morale n'est pas une « sous-catéchèse ». Elle ne serait pas conçue non plus comme une sorte d'humanisation « préalable » à la catéchèse. J'exclurais, par exemple, la formule suivante : les deux groupes (formation morale et catéchèse) chemineraient ensemble pendant un certain temps, se séparant ensuite en vue d'une « catéchèse » ou « évangélisation » (laquelle ?), un « baptême » des valeurs découvertes. Les deux groupes d'étudiants devraient, au contraire, cheminer toujours séparés, durant toute la démarche conforme à leur option, cette démarche étant identifiée, cohérente, et complète en elle-même.

5.3   Ce qu'il y aurait de commun, ce sont les réalités contenues dans les deux programmes. Si un enfant de sept ans peut être amené, dans la catéchèse actuelle, à prendre contact avec les réalités du partage, de l'amitié, de la fête, ces réalités pourraient faire partie aussi du contenu du programme de formation morale de l'enfant de 7 ans : car les deux, finalement, se réfèrent au projet pédagogique conçu pour un enfant de 7 ans. Si la catéchèse du programme de secondaire 3 ou 4 s'attarde à la réalité de la sexualité, le programme de formation morale de ce niveau devrait le faire aussi conformément au projet pédagogique, bien que, encore une fois, dans une perspective différente et une démarche séparée. Dans tous les cas où ce ne serait pas possible, c'est que le programme ne serait pas conforme à l'univers de l'enfant d'un âge donné ; ce ne serait donc ni un bon programme d'enseignement religieux (puisqu'il doit s'insérer dans le projet pédagogique), ni un bon programme de formation morale.

5.4   L'intégration dont il s'agit est donc uniquement celle du projet pédagogique adapté, au service duquel se trouvent et le programme d'enseignement religieux ou de catéchèse, et le programme de formation morale. Dans l'optique du Comité catholique, conformément à « Voies et impasses » et au règlement concernant la confessionnalité, cette coordination ou intégration doit y être parce que l'école est régie par un projet pédagogique précisé par les intéressés, et parce que la réalité de l'école doit se construire d'après le droit de l'enfant (non seulement en général, mais aussi tout au long de sa croissance).

    Il faudrait sans doute de bons arguments pour arriver à prouver que l'enfant n'est pas le même, à un moment donné, quand il s'agit de répondre pleinement à ses besoins, qu'ils soient physiques, intellectuels, affectifs, moraux ou religieux, conformément à un moment précis de sa croissance. Malgré les limites nécessairement attachées à une option pédagogique précise, il est difficile de voir comment l'apprentissage des valeurs par l'enfant, soit à l'intérieur d'une option religieuse, soit dans une perspective de formation morale, n'amènerait pas à ce type de parallélisme — qui n'exclut pas, bien au contraire, l'obligation de faire cheminer parallèlement les groupes d'enfants, de faire toute la démarche et non seulement une partie, avec chaque groupe séparément.

6. *Conclusion*

Dans le parallélisme et la coordination autour du projet pédagogique centré sur le droit de l'enfant, il devient à la fois plus clair et plus facile d'identifier et l'enseignement de la catéchèse et le programme de formation morale. Il faut moins inventer la rencontre d'autres valeurs, ou récupérer quelque autre vieux programme, que préciser des démarches grâce auxquelles d'une part, on initie à une mentalité religieuse, et d'autre part on habilite à poser un jugement moral, face aux réalités changeantes de l'univers de l'enfant en croissance. Selon une hypothèse à vérifier, ces réalités sont déjà précisées à l'intérieur des programmes d'enseignement religieux ou de catéchèse ; on pourrait donc se servir de ces programmes pour établir un « contenu » : vérifier s'ils sont conformes au « projet pédagogique », si oui, inclure les réalités proposées dans le programme de formation morale qui les étudierait, selon son optique propre et avec des groupes séparés tout au long de la démarche.

Devrait-on ajouter que l'enseignement religieux lui-même y gagnerait ainsi en qualité par la précision nécessaire à sa démarche et parce que les enfants et les parents auraient choisi un type de démarche ? On pourrait trouver du personnel déjà en partie qualifié (quoique en partie seulement) pour un tel programme de formation morale : il y a des professeurs qui ne veulent plus d'enseignement religieux, mais qui ont réfléchi sur les valeurs incluses dans les programmes et qui sont prêts à les traiter comme telles.

André Bédard 81

SUR L'IMPORTANCE
D'UNE ÉTHIQUE COLLECTIVE

Jacques Grand'Maison

Les techniques sociales ne produisent pas d'elles-mêmes une philosophie sociale. Elles demeurent un univers instrumental incapable d'instaurer une critique des fins, des libertés et des projets de vie. La politique telle que vécue ne propose pas non plus des choix sur les contenus humains des décisions, mais plutôt des alternatives de moyens ou de structures. Les scientifiques, en majorité, ne se disent pas concernés par les jugements de valeurs et pourtant ils influencent les conditions de vie et les politiques qui impliquent ces dimensions. Par exemple, beaucoup d'étudiants entrent à l'université avec un certain idéal social et on en fait des techniciens sans horizon humain, des spécialistes sans philosophie sociale ou politique, sans profondeur culturelle et éthique. On ne s'inquiète guère de leur qualité d'homme et de citoyen. Certains nous diront que ce travail d'éducation doit se faire ailleurs. On connaît l'argument : c'est le rôle de la famille, comme si celle-ci était le seul lieu éthique. Nous entrons alors dans un cercle vicieux : d'une part l'aveu que la famille se définit désormais par l'ensemble de la société, et d'autre part, le rejet sur elle d'une responsabilité centrale pour orienter cette même société. À l'école, un professionnalisme syndical qui mesure les minutes de présence, contredit par ses gestes quotidiens ce qu'il proclame sur le plan purement idéologique : critique politique d'une bureaucratie tatillonne, d'une école au service de la classe dominante, d'une absence de philosophie de l'éducation. Comment concilier ces idéaux avec le comportement de petits fonctionnaires mesquins surprotégés par des clauses contractuelles extrêmement étroites ?

On retrouve le même problème un peu partout dans la fonction publique. La démocratisation et l'humanisation des services collectifs essentiels sont des objectifs déclarés de tous les agents d'intervention. Mais chaque catégorie d'intervenants négocie uniquement à partir de ses intérêts. Ne sont sujets à la considération morale que l'injustice des autres et la lèse-majesté de ses propres droits. Toutes les chartes des droits de l'homme sont piégées au départ, dans la mesure où il n'y a pas de base éthique quotidienne. Je n'en veux pour exemple que cette méfiance devant toute considération de bien commun. Un vieux concept corporatiste qui masque la structure de domination d'une classe ! Consensus, règles du jeu, philosophie de base, concertation, participation... tous ces référents sont matière à suspicion. On ne nie pas l'importance d'une éthique collective, mais on refuse tous les lieux démocratiques ou autres pour son élaboration. Bien sûr, *la société ouverte pluraliste, plus libre, plus complexe exige des redéfinitions morales inédites. Mais où, qui, quand, comment, quoi ? À notre connaissance, il n'y a eu chez nous que l'entreprise encore bien fragile de la Ligue des droits de l'homme qui a posé le problème à ce niveau.*

Jacques Grand'Maison,
Le privé et le public,
Éditions Leméac
2 vol. 1975
t. II, p. 440-441.

annexes

PROTOCOLE DE PRÉSENTATION DES MANUSCRITS
à l'usage des collaborateurs des CRE

1. Soumission des manuscrits

1.1 Les articles doivent être adressés en 3 exemplaires clairement dactylographiés à :
> *Cahiers de recherche éthique,*
> Université du Québec à Rimouski,
> 300, ave des Ursulines,
> Rimouski, Québec
> G5L 3A1

1.2 Les copies des articles doivent être homogènes, définitives et conformes au style de présentation adopté par les *Cahiers*.

1.3 Tout article doit être accompagné d'un bref curriculum vitae comprenant les nom et prénoms de l'auteur, ses fonctions, adresses, numéros de téléphone ; le nom des institutions auxquelles il se trouve attaché ainsi qu'une indication de son champ d'intérêt ou de ses recherches actuelles.

1.4 Le président ou le secrétaire du comité de direction des *Cahiers* accuse réception du manuscrit de l'auteur.

1.5 Tout manuscrit peut être soumis à un autre comité de lecture.

1.6 Les éditeurs des *Cahiers*, dans l'état actuel de leur publication, sont dans l'impossibilité de fournir des redevances aux auteurs.

1.7 L'auteur d'un article publié reçoit gratuitement cinq (5) exemplaires des *Cahiers*.

2. Présentation des manuscrits

2.1 Le manuscrit doit être présenté sur papier format standard 8½ x 11.

2.2 Le texte doit être clairement dactylographié, à double interligne. Les marges des quatre côtés doivent être assez larges.

2.3 Les notes seront reproduites à la fin de l'article imprimé. Elles doivent donc en conséquence être limitées, transcrites à double interligne, sur des feuilles séparées et non au bas des pages du texte principal.

2.4 Les titres et les sous-titres doivent être dégagés du texte courant. Aucune indication ne sera mise en marge sur les dispositions typographiques, que l'éditeur se réserve.

3. Style typographique des CRE

3.1 Comme toute publication scientifique, CRE a son style. Les auteurs sont priés de consulter les numéros passés en ce qui concerne l'orthographe des termes techniques, les abréviations et la rédaction des notes.

3.2 Les langues s'écrivant en caractères non romains doivent être transcrites en caractères romains, sans accents spéciaux et sans signes diacritiques.

3.3 Les citations de moins de quatre lignes seront incluses dans le texte avec guillemets. Les citations de quatre lignes et plus seront détachées du texte en un paragraphe distinct et sans guillemets ; ce paragraphe sera placé en retrait et il se terminera par la référence nécessaire donnée entre parenthèses.

3.4 Une interruption de texte à l'intérieur d'une citation se signale par trois points entre parenthèses.

3.5 Le point est omis dans les sigles mais il est inclus dans les abréviations.

4. Système de références

4.1 Les éditeurs des CRE se réservent le droit d'uniformiser le système de références des articles de la façon suivante :

4.11 *Livres*

— La première référence : Auteur, (prénom et nom), Titre souligné, Lieu, Éditeur, Année, page (p.).

— Par la suite : Auteur (prénom et nom), Titre souligné, page (p.).

4.12 *Collectifs, revues et dictionnaires*

- La première référence : Auteur (prénom et nom), « Titre entre guillemets », Titre de l'œuvre souligné, numéro (année) chiffres des pages ou colonnes sans abréviations.

- Par la suite : Auteur (prénom et nom), « Titre entre guillemets », Sigle de l'œuvre, chiffres des pages ou des colonnes.

- Ou, s'il n'y a pas d'équivoque : Auteur (prénom et nom), *loc. cit.*, page (p.).

4.13 *Livres de la Bible*

- Pour désigner les livres bibliques, on emploie les sigles de la Bible de Jérusalem (dernières éditions), précédés, s'il y a lieu, de leur numéro d'ordre sans espace :

Gn Ex Lv Nb Dt Jos Jg Rt 1S 2S 1R 2R 1Ch 2Ch Esd Ne Tb Jdt Est 1M 2M Jb Ps Pr Qo Ct Sg Si Is Jr Lm Ba Ez Dn Os Jl Am Ab Jon Mi Na Ha So Ag Za Ml

Mt Mc Lc Jn Ac Rm 1Co 2Co Ga Ep Ph Col 1Th 2Th 1Tm 2Tm Tt Phm He Jc 1P 2P 1Jn 2Jn 3Jn Jude Ap

- Ensuite, le chiffre du chapitre suivi d'une virgule.

- Enfin, le chiffre du verset suivi d'un point, ou bien le chiffre d'un verset suivi d'un point suivi du chiffre d'un autre verset, ou bien le chiffre d'un verset suivi d'un trait d'union suivi du chiffre d'un autre verset.

- *Le tout en chiffres arabes et sans aucun espace.*

- Exemples : 1Jn4,1. renvoie à la 1re épître de Jean, chapitre 4, verset 1 ; 1Jn4,1.6. renvoie à la 1re épître de Jean, chapitre 4, versets 1 et 6 ; 1Jn4,1-6. renvoie à la 1re épître de Jean, chapitre 4, du verset 1 au verset 6.

COMMENT NOUS COPIER

Propositions éthiques

Comme on peut aisément le comprendre, les facilités et les utilités de la polycopie créent aujourd'hui pour les éditeurs un problème nouveau et menacent leur existence même.

D'une part les nécessités actuelles de l'enseignement ou de l'échange en groupe amènent un besoin toujours croissant de la polycopie rapide, non soumise aux délais des autorisations lointaines et des formalités nombreuses. D'autre part les immenses possibilités offertes maintenant par les nouveaux procédés techniques facilitent à l'extrême une réponse rapide mais « sauvage » à ces besoins, avec bien des prétextes pour négliger les droits d'auteur et d'éditeur : urgence des besoins, complications des recours (surtout à longue distance ou en temps de grève postale !), exigences parfois surprenantes et insurmontables des propriétaires, etc. Il est tellement plus simple et plus expéditif de polycopier soi-même sans avertir, surtout lorsqu'il s'agit de quantités en apparence négligeables. Mais bien des gens honnêtes le font avec regret, en l'absence d'une meilleure solution, et ils se sentiraient plus à l'aise s'ils pouvaient régler leur compte avec l'éditeur d'une façon pratique et rapide.

On admettra qu'en attendant, les éditeurs souffrent des dommages graves. Ils ne peuvent en effet assumer seuls les frais de plus en plus élevés de la publication, et voir ensuite les usagers procéder de façon indépendante à la multiplication libre de leur produit, sans participer aux frais de la production. À cause de cela, on sait qu'actuellement le problème de la polycopie fait chez nous l'objet d'études aux différents niveaux responsables : société des droits d'auteurs, organismes gouvernementaux, etc.

En ce qui regarde les *Cahiers de recherche éthique,* nous voudrions mettre à l'essai une formule qui pourrait faciliter les choses et même inspirer d'autres éditeurs placés dans la même situation que nous.

En faisant confiance à l'honnêteté de nos usagers, nous proposons donc le système suivant :

À moins d'exception expresse, notée clairement à la fin d'un texte, la reproduction par copie ou polycopie (photocopie ou autres procédés) des textes des Cahiers de recherche éthique *est autorisée aux conditions suivantes, liées ensemble.*

1. *On peut copier ou polycopier* sans avis préalable *à l'éditeur des textes d'un* Cahier de recherche éthique *pourvu que l'on paie* ensuite *à l'éditeur les redevances indiquées plus bas.*

2. *Si le texte dépasse la moitié de la pagination totale d'un cahier, il ne semble pas plus coûteux d'acheter ce cahier à l'éditeur (Fides) et l'on comprendra facilement que nous insistons pour que cette solution soit adoptée, malgré les délais (que nous essayerons de faire brefs).*

3. *On paiera à l'éditeur (Fides-Montréal) une redevance de 1¢* pour chaque copie d'une page *des* Cahiers.

   Exemple : si l'on polycopie à 20 exemplaires un article de 10 pages des Cahiers, *cela fait 200 pages des* Cahiers, *(même si l'on a polycopié sur des feuilles 8½ x 11, qui contiennent chacune 2 pages des* Cahiers). *On doit donc \$2.00 à l'éditeur.*

   Nous croyons que ces frais peuvent aisément être réglés par les particuliers, ou acquittés par les comptabilités régulières des institutions d'enseignement ou autres qui font ces polycopies.

4. *Nous n'exigeons pas le paiement de la redevance si la somme est inférieure à \$1.00, mais nous demandons alors comme toujours que la source soit indiquée, que l'on fasse mention des* Cahiers de recherche éthique *sur la copie.*

5. *On envoie à l'éditeur (Fides-Montréal) le montant des redevances, en mandat ou en chèque, en adressant comme suit :*

   Cahiers de recherche éthique
   Les Éditions Fides
   235 est, boulevard Dorchester
   Montréal H2X 1N9

6. *L'éditeur souhaite vivement* mais n'exige pas *que les usagers s'identifient et indiquent la matière copiée. D'une part on comprend qu'il nous intéresse de savoir ce qui est trouvé utile dans les* Cahiers, *mais d'autre part nous ne tenons pas à faire enquête et nous voulons laisser aux usagers le maximum de latitude.*

Le paiement à l'éditeur pour un article polycopié pourrait être rédigé comme suit :

« *Veuillez trouver ci-incluse la somme de $5.00 pour la polycopie de l'article de Andréas Moralès dans CRE X, 25 pages à 20 exemplaires. Avec nos remerciements et nos félicitations pour une formule si commode.*

Roland Argus, professeur
Cegep Louis-Joseph-Papineau
Montfaucon, Qué. »

Achevé d'imprimer à Montréal par Les Presses Elite,
pour le compte des Éditions Fides,
le vingt-cinquième jour du mois de février
de l'an mil neuf cent soixante-seize.

Dépôt légal — 1er trimestre 1976
Bibliothèque nationale du Québec

Il n'y a pas d'abonnements pour les *Cahiers de recherche éthique*. Mais on peut recevoir à l'avance les avis de publications si l'on envoie à l'éditeur une demande en ce sens sur la formule ci-jointe. Il suffit de découper cette page, de la plier, de la sceller, et de l'expédier avec ou sans enveloppe.

couper ici

Sans aucune obligation d'achat, je désire recevoir les avis de publications des prochains numéros des *Cahiers de recherche éthique*.

Nom ....

Adresse ....

....

....

timbre

Cahiers de recherche éthique
Les Éditions Fides
235 est, boulevard Dorchester
Montréal H2X 1N9